だいわ文庫

一杯飲んで帰ります

女と男の居酒屋十二章

太田和彦

大和書房

はじめに

居酒屋で、気の合う仲間と、好きな人と、お酒を飲んで語り合う。いいですね。しゃれたレストランもいいけれど、やはり居酒屋は気楽。しかも安い。話もはずめば互いの気心も知れ、さらにお酒がおいしくなる。

そこで見えてくる互いの本音、人柄。お酒が人の心を裸にする。あなたの心も。でもいいじゃないですか。それが普段の姿よりも魅力的で、深ければ。お酒にはそういう力があります。

しかし、女と男では表れ方が違う。それを知っていて居酒屋に入れば、酔った相手を寛容《かんよう》と好意で見られます。あなたもそう見てもらえるのならば安心だ。

この本には男女別に居酒屋のいろいろなことが書いてあります。どこかで、あれはそうだったのか、これは自分だ、今度はこうしよう、と思い当たるかもしれない。

居酒屋は人と人を近づける。近づいて、そして、どうするか。

この本があなたの役に立ちますように。

一杯飲んで帰ります◎目次

前編

後編

前編

1

岩牡蠣とシャンパン

――下高井戸「居酒屋おふろ」

あなたは居酒屋が好きですか。

嫌いじゃないけど、酔っぱらいや、じろじろ見る客のいる所はいや。トイレがきれいでないと絶対ダメ。よくわかります。

近頃の日本酒はとてもおいしく、ヘルシーな和食も大好き。ワインもいいけど日本酒も好き。そういう女性は多いです。

男って仕事のあと、ひとりで飲みに行くでしょう。ぼおっと黙ってひとりで飲んでるのは絵になるし、女だってそういう時間をもってみたい。でも居酒屋やバーは女ひとりじゃ行けない。そうでもないですよ。

＊

京王線下高井戸駅。踏み切り脇の商店街を少し歩いた角が「居酒屋おふろ」です。板張り階段を地下へ降りると、柔らかな照明のモノトーン白木のインテリア。一段高い明るいカウンター席は一流ホテルの和割烹《わがっぽう》風。間接照明でやや暗めの椅子《いす》席は小さなワインカフェ風。店名「おふろ」とはイメージが違うモダンな店です。

「いらっしゃいませ」

迎えるのは黒シャツの男三人。厨房《ちゅうぼう》、酒、フロアと仕事を分け、共通するのはおだやかな小声。どこぞの居酒屋のように「らっしゃい、何人さんですか!」と怒鳴《どな》ったりしない。湯気を上げる南部鉄の茶釜は日本酒お燗《かん》用。カウンター周りも店内も清潔そのもの。余計なもののない室内に、シャンパンのクラシックボトルが効果的に飾られています。

厚いメニューブックは野菜・魚・肉・珍味・ご飯・チーズ・デザートと分かれ、お酒は膨大なシャンパンリストがあって、日本酒・焼酎・グラッパ・マールなどが続く。料理は季節の一品の説明が詳しい。初夏の〈若鮎《わかあゆ》のコンフィ〉は、鮎は塩焼に限るという私も納得。日本酒「東洋美人６１１」の冷やにぴたりと合いました。変わった食材を取り入れるのが好きらしく、すすめられた〈ジロール茸と万願寺《まんがんじ》の焼きびたし〉もけっこうな味。料理皿はすべて白無地で統一され、小さなポーションを箸でいただきます。

夏にここでこんな場面を見ました。階段を降りてきた黒スーツの似合うすてきなキャリア女性がひとり、〈岩牡蠣〉をオーダー、カウンターの酒担当の人に合わせる酒を相談しています。心得ましたと一升瓶を二本持ってきて置き、説明するのはワインソムリエと同じ。どちらも吟醸酒で、「じゃ、こちら」と決まり、その場でワイングラスへ注ぐ。一杯ふくんだ女性の顔が輝き、「うん」とソムリエ氏にうなずく。そうして膝にナフキンを広げ、食べやすいようにナイフの入った岩牡蠣にいそいそと取りかかりました。

なるほどなあ、女性も一日の仕事を終え岩牡蠣で一杯やりたいんだ。いろんな動作、対応が落ち着いている。カッコいいな。こう堂々としていると声なんかかけられないな（そうしようと思ったわけではありません）。

＊

女性も年齢を積むと変わります。移ろいやすい流行を追う若い頃も過ぎて結婚を意識し、自分の本当の良さを考え、見つけ、それをつくってゆく。三高（学歴も収入も背も高い、ですか）なんてものは、あるかもしれないが、いつまで待っていても仕方がない。そういう男って私だけを大切にしてくれない気がする。いや、男に自分の自己実現を求めようという考え自体が他力本願《たりきほんがん》、アテがはずれたらそれっきりだ。いいや、ひとりで居酒屋でも行くか。

かなり強引な「居酒屋のすすめ」ですけど（笑）、川上弘美さんの小説『センセイの鞄《かばん》』（文春文庫）の主人公・ツキコさんは、居酒屋ですてきで尊敬もできるセンセイにめぐり会ったではないか。いつも自分と同じものを注文することから、その人に興味をもったではないか。ぼくがこの小説をいいなあと思ったのは、清らかな恋の始まりがトレンディなしゃれた店ではない、パッとしない駅前の居酒屋であったところです。

男はひとりで酒を飲みに行きます。仕事の失敗、失恋、そんな大げさなものではなく、単なる本日の仕事のオツカレ。家に帰ってビールもいいが、会社と家の中間でひと息入れて自分に戻りたい。これは独身でも家庭持ちでも同じ。家で奥さんが待っているのにどうしてまっすぐ帰らないのと言うなかれ、やがて必ず帰ります。

なぜそうするかと言うと、しゃべりたくない、黙っていたいからです。社会生活を営《いとな》む以上はいやでも口を開かなければいけない。家でも同じ。三十分も黙っていると互いに不安になってきます。男にとって妻が三十分黙っているほど怖いものはない。あなたも黙っている亭主はいやでしょう。その点、居酒屋は注文以外ひと言も口を開かず酒だけを相手にしていればいい。はじめはメールを見たり、仕事のことや家族のこと（恋人のこと）などを考えるが、次第に無念無想《むねんむそう》、何も考えない無の状態になる。考えることはただ一つ、「次何を注文しようかな」だけ（笑）。

ひとり酒の良いところはここです。男がひとりになって何をするかと言えば、酒を飲むのがふさわしい。男はひとりになるときれいな女性のいる店とか、なじみの主人やおかみの店に行くのでしょう、と思われるかもしれませんが、そればかりではない。理屈をつければ「群衆の中の孤独」を味わいに行くわけです。

その時、高級ホテルのバーや銀座の小さなバーあたりだといかにもですが、駅前の居酒屋こそ絵になると私は言いたい。女性もそういう時があるのではないか。きつい仕事を終えたあと、気がねのいらない居酒屋でひとり静かにお酒を飲む時間をもってみたいと思う時があるのではないか。岩牡蠣で吟醸酒を味わうすてきな女性を見て、そんなことを考えたわけです。

*

この店の七割近くは女性客と聞きました。こちらの女性二人はメニューを端から端まで見て検討し、「私は最初コレ、半分あげる」「じゃ私は、こっち」と注文の順番に余念なく、最後のメインまでようやく決まってメニューブックを閉じ、「それとグラスシャンパン」となりました。またここは女性が男性を連れて来るケースが多いとか。男たちが会社帰りにわいわい飲みに来る店ではないからでしょう。住宅地世田谷の品のよい若夫婦客は（夫婦でしょうな、いや恋人かな、最近夫婦みたいなカップル多いからな）、男は上着なしの紺のカーディガンが眼鏡《めがね》に似合い、女性も臙脂《えんじ》のカーディガンだけど袖を通さず肩にかけてるのが女っぽく、いかにもご近所ムード。

ぼくの定番〈馬刺しのタルタル仕立て〉は、男の好きな居酒屋の馬刺とは大違いの料理で、熊本から特別直送の「一度も冷凍のかかっていない生肉」と、タテガミの下のコーネ脂、実山椒《みざんしょう》を「醬油ほんの少し」でたたき、丸形に整え、浅葱《あさつき》みじん切りをたっぷりかぶせたもの。鯨《くじら》のようなねっとりしたコクに実山椒がヒリリときき、焼酎か赤ワインがぴったり。馬刺を食べてみたいけど注文するのが恥ずかしいというあなたに、ぜひすすめます。

新宿や渋谷の盛り場ではなく、都心を離れた落ち着いた住宅地の商店街は、女性がひとりで居酒屋に入ることに安心感をもたせます。ここを出ればすぐ私鉄の小さな駅。

青山や代官山でひとりで居酒屋に入る気後れはここにはないし、第一自分の時間をもつ時にギンギラの盛り場はふさわしくない。また下高井戸の居酒屋によく行くことを人に吹聴《ふいちょう》するものでもない。自分だけの食べたいものを頼み、自分だけの飲みたい酒を飲み、自分だけのひとりの時間を味わう（いい女だなー）。

そんなあなたが、やがて「私のよく行く店、居酒屋だけど」と誰かを連れて来る時がくる。店の人はきっと何くわぬ顔をするでしょう。

2

柿と帆立のブルーチーズがけと吟醸酒

——代々木上原「笹吟」

小田急線代々木上原の居酒屋「笹吟《ささぎん》」は、白木とベージュの粗い土壁にフローリングの床、木の椅子の緑色の座面が喫茶店のような雰囲気です。コンクリート剥《む》き出しの天井は丸竹を格子《こうし》に並べて荒々しさを隠すとともに和風を演出し、照明のルーバーにもなっている。居酒屋の多くはカウンターの銘木《めいぼく》にお金をかけますが、ここはそういうことには関心がなく、合理的な居心地のよさが明るい開放感を生んでいると言えましょう。

私鉄沿線の高級住宅地・代々木上原は、会社帰りのサラリーマンがちょいと一杯に寄る町ではなく、この店を目的に来る人ばかり。ご近所住まいらしい品のよい中高年夫婦は皆様ご常連のようで、家で二人、古女房（古亭主）相手よりも、ここで互いに好きなものをとり夕食代わりの様子。年配奥様がビールをごくごくと飲み干しているのが立派です。多いのは女性客で、グループはテーブル席で話の花を咲かせています。

人気の要因はおよそ八十もある品書きの充実です。月に一度の総替え以外に毎日刻々と変わり、口ひげのマスターの出勤最初の仕事は、それを書き上げて近所でコピーにとり、透明ケースにはさむこと。刺身からはじまり焼物、揚物、煮物、珍味など続く中に、〈長芋と鰻《うなぎ》のおぼろ蒸し〉〈百合根《ゆりね》と合鴨の卵とじ〉〈さんまとエリンギの肝《きも》醤油焼〉〈秋鯖《さば》の青菜巻き〉〈鱧《はも》のねぎにら揚げ〉などうまそうな品がまじります。

すばらしきは裏面の和え物で、〈鮪《まぐろ》と水菜の酒盗《しゅとう》和え〉〈そら豆と海老の白和え〉〈つぶ貝と巨峰の土佐酢おろし和え〉〈〆鯖と梨のからすみ和え〉〈柿と帆立のブルーチーズがけ〉〈秋鮭とモッツァレラチーズのマリネ〉など、意表をついた、しかしよく読むと味の想像ができそうな品がえんえんと続く。春先の〈小柱と三つ葉の梅肉和え〉はしなやかな色気のある小柱に、梅肉の酸味がキュートにからみ、三つ葉の香りがさっぱりさせ、肌色、紅、緑の色合いが春めいて美しく、合わせた吟醸酒のうまいことうまいこと。誘った女性は「なんていいんでしょう」と頬を紅潮《こうちょう》させてご機嫌でした。

しかしここは、女性好みの格好だけのヌーベルキュイジーヌ懐石《かいせき》(?)料理ではないことは、基本の刺身、焼魚、煮魚、野菜炊き合わせ、煮物、汁物などを注文するとわかります。出汁《だし》、焼方、煮方と日本料理の基礎がしっかりと腕にある料理は、男のぼくが安心する点でもある。凝った料理を横目に〈刺身三種と季節野菜のお浸し〉、あと〈煮魚〉の注文にニヤリとされるのは「ごまかしの利かないものを頼みましたな」のニヤリか。すべてに共通するのは「酒をうまくする」という一点です。

＊

世の流行をつくるのは女性と言いますが本当ですね。ぼくは銀座の資生堂で宣伝デザイナーを二十年も務めましたから肌身に知っています。女心をつかむ難しさも、女性の変わり身の早さも知りました。大学を出たばかりのうぶな若造が、若い女性、歳上女性ばかりに囲まれていたんですからね。女性化粧品はいつも何かトレンドを提唱していなければなりませんが、男性用はいったんブランドを確立すれば流行に関係なく長続きする。男は浮気しません。というか、変えるのがめんどくさい。

飲食も同じです。女性は人気の店に敏感ですが離れるのも早く、もっと良い店ができるとそちらへ行く。次々に変えるのが好きという人もいる。男はひとたび好きになった店には律義《りちぎ》に常連として操《みさお》を立てる。男女の仲と同じですナ。女性はいったん別れた男を見向きもしないが、男はもしかすると復縁がなどと夢を見ている。

また女性はコストパフォーマンス意識が高く、飲食もこの値段でこの料理と、つねに値踏みしている。それが少しでもよくない方に違ったらミシュランだろうが何だろうが手厳しく、二度と来ないどころか「あそこは評判と違ってひどいわよ」と吹聴するかもしれない。「盛りつけにセンスがない」「量がケチ」「おかみが感じ悪い」ももちろん評価のうちですから、まあこれほど怖い客はない。「なんか嫌い」という反論できないマイナス評価の反面、「マスターがイケメン、芸能人がよく来る」がプラス評価になったりするからわからない。

男はそういうことはない。何回か通ううちに友達になった悪友でも、カネのかかる悪女でも、友達は守る。酒や料理もバカ高くさえなけりゃいつもの店の方が気楽でいい。あちこち店を品評して回るなんてめんどくさい。芸能人が来る店なんて絶対やだね。まあそんなものでしょう。

ですから十年一日《じゅうねんいちじつ》の如き品書きの旧態依然《きゅうたいいぜん》たる赤提灯《あかちょうちん》酒場は消えないわけですが、女性は違う。経済力をつけた女性たちは海外にまで足を延ばして本場のレストランを経験し、その水準を日本の店にも求める。着るものであれ男であれ、品定めこそ女の命、店の評価は女性同士の格好の話題でしょう。

一方居酒屋は、昔ながらの酒好き男ばかりが相手では店も伸びない。それには女性客をつかまえなければと新業態を模索し始めました。およそ十年くらい前のことです。そこには日本酒の質の変化が大いに後押ししています。それまでの、塩辛一つでぐいぐい飲める、酔いの早い辛口の重い日本酒から、フレッシュで軽く、爽やかな甘味と旨味をもち、料理をおいしくさせる酸度の高い食中酒が日本酒に誕生してきたからです。

そう、白ワインと同じ。日本酒もワインも醸造酒で、アルコール度もほぼ同じ。ともに冷やで飲み、酸が食欲を増進させます。日本酒の生酒などは特に白ワインに近く、イタリアンの前菜アンティパストなどにはぴったり。さらに瓶内醗酵《はっこう》を残した「発泡うすにごり」は開けると同時にガスがぐーんと昇る、まさに日本酒のシャンパンで女性に絶対に喜ばれます。

また和食は健康によいと海外セレブも言い始め、和食回帰。おいしい和食を食べたいという欲求も高まりました。そうなるとぶどうの果実酒であるワインより、米からつくる日本酒はもちろん和食に合う。お刺身に白ワインもいいわよと言ってた人も、無理に変わったことをせず日本酒に落ち着いたわけです。

＊

新しいタイプの日本酒と、イタリアンもフレンチも知ったうえで、和食にその技を取り入れた〝酒と料理を等分に味わう居酒屋〟の草分けが、平成七年代々木上原に開店したこの「笹吟」でした。当然のように圧倒的に女性に支持され、先見《せんけん》の明《めい》があったと言うべきでしょうか。

ネクタイに白い料理人着のマスターはオーディオの仕事でロンドンに長くいたという変わり種。店は人気のイタリアンレストランのような活気があります。

カウンターにマスターと顔見知りらしい女性のひとり客もいます。冷たいビールを一杯飲んでから「何かすっきりした日本酒を」に応えて、マスターが保冷庫から取り出した一升瓶を注ぎ、ややあって声をかけました。

「いかがですか？」

「おいしいわ、どこのお酒？」

「東京です」（ははあ喜正《きしょう》だな）

「え、東京でも日本酒つくってるの？」

「案外多いんですよ、これはきれいな旨口でおすすめです」

「ほんと、すいすいいけて怖い」

「ははは、大丈夫ですよ」

料理が届いてしばらく専念。

「おいしい。柿と帆立とブルーチーズなんてよく考えたわね」

「へへへ、ウチの調理人がヘンタイで」

「ぷっ、でもおいしい」

聞いていたわけじゃありませんよ、自然に聞こえてきた。でも聞き耳は立てた。おいらも何かしゃべりたい。保冷庫を指さしてマスターに話しかけました。

「新入荷の早瀬浦《はやせうら》はどう?」

「いいですよ、飲んでみますか」

ツイー……。

「うまい、しなやかな大人の色気は天海祐希《あまみゆうき》タイプ」(聞こえよがし)

笑ったマスターがくだんの女性に「飲んでみます?」と水を向けた。女性は「ええ」と答えて注いでもらい、ひと口。そして私を見て「うん」という顔をしました。

いいえあなたが天海祐希です。

3

インカのめざめとお燗酒

――四谷「ととや」

冬二月。何か温かい気持ちになりたいな。

四谷荒木町《あらきちょう》は、薄暗い通りに居酒屋、料理屋、スナック、バーなどの行灯《あんどん》看板がびっしり続き、昭和三十年代の盛り場の雰囲気が男たちに人気です。昔は芸者さんの行き交う花街で、抜け道の路地に小さな酒亭や、元芸者さんの小料理屋、実力の板前割烹もある奥の深い大人の町。ここに女性ひとり客の多い居酒屋があります。

下り坂の通りが小さな稲荷《いなり》神社で鉤《かぎ》の手に折れた先のビル一階が、その居酒屋「ととや」。手前の古い鰻屋の隣にあったのが数年前ここに移りました。昔も今も目印は大赤提灯と炭火焼の煙。場所は少し移ったものの、今や荒木町の老舗《しにせ》です。

酒はビール、日本酒、焼酎。肴は刺身、炭火の焼魚、煮物、卵焼、ポテトサラダ、牛すじの煮込み……。シメはとろろご飯、雑炊（とろとろのお餅が入っておいしい）。常連の注文〈盛り盛り〉は、刺身と煮物の盛り合わせセットのことです。高級酒はなく値段は安いという典型的な居酒屋ですが、ここは女性ひとり客が多いと気づき、そのわけを分析しました。

＊

主人はいがぐり頭も白くなったトミさん。ぼくはカネのない新人サラリーマン時代によく通い、二十年ほど行かない時期があり、その後たまたま通りかかって懐かしさで入ると、トミさんは料理の箸を止め、しばらくこちらの顔を見て「……太田さんだよね」と声をかけてくれました。あの時はじつに嬉しく、「申し訳なかった、これからまた昔のように通うぞ」と誓ったものでした。

トミさんは今日も来客に「○○さん、いらっしゃい！」「△△さん、こっちこっち」と即座に名を呼びます。大型居酒屋によくある怒鳴り声ではなく、普通の元気な地声が爽やかです。

女性がひとりで居酒屋に入り、すぐに声をかけられないのは居心地の悪いものでしょう。「おひとりですか」も言ってほしくない。それが「○○さんね」と名前を言ってもらえればずいぶん気が楽になり、居場所ができる。ですから「ととや」に行く時は、たとえ店の五十メートル手前でも予約の電話をかけ、名前を言っておく。すると「○○さん、いらっしゃい！」とこうなるわけです。

席についてからも何かと声をかけてくれるからこちらも話す。名前を言って話すというのはやはり安心の基本ですね。トミさんは一日が終わると、今日のお客の名前を帳面に書いておくのだそうです。

「へー、ぼくも書くの？」

「そうですよ、太田さんひとり」

「ひとり、かあ」

「だって事実でしょ」

ヘンなところで律義なんだから。まあいいや。燗酒「神鷹《かみたか》」をツイー。品書きの〈インカのめざめ〉は芋と味噌とのからめ煮で、さつまいものような甘味がほっこりとおいしい。しかし小じゃれたイメージネーミングはこの店に似合わんぞと言うと、「違う違う、ほんとの名前。オレそういうイメージナントカのはできない」と返され、十勝産じゃがいもの本当の品種名だそうで知りませんでした。

トミさんは福島県から集団就職で上京。学校の求人票でここなら食いっぱぐれないだろうと鰻老舗「竹葉亭《ちくようてい》」に就職、八丁堀「大島屋」などで修業して、この荒木町で店を持った苦労人。農家の働き者息子よろしく正直率直な人柄に客はひかれています。四人きょうだいの末っ子で、お姉さんも店を手伝う。もうひとりの炭火焼担当の人も長いです。昔は腰の曲がり始めたお母さんが手伝っていて、まだ若く張りきっていたトミさんは手八丁口八丁「あ、それこっち、ダメダメそっちそっち！」とお母さんをあわてさせ、「オイオイ、年寄りをいたわれよ」と客の温かい笑いを誘っていました。ぼくはお母さんに好意をもち、「それこっちです、ありがとう」などと何かと声をかけたものでした。

居酒屋主人に、男の渋さだの、小林薫似の陰影がすてきとか言いますが、それはドラマの話。居酒屋に色恋をもち込むとややこしくなる。ぼくは居酒屋主人は山ほど見て、中には女性の熱い視線を集めるイケメンもいますが、居酒屋に限らず男の仕事の世界でイケメンは百パーセント、ダメですね。どこか最後は誰かが助けてくれるという甘えがある。例えば何かで叱った時にこちらを見るチラリとした目線でわかる。逆に、オレは顔はダメだから根性でやるしかないと、うつむいて歯を食いしばる奴は見どころがある。面接で採用するなら不細工な方が確かだ。

「あら、シット？」

そう言うんならそれでもいい。いい男が女性にもてるのは当然。男だって美人おかみには鼻の下を長くするんだから。

しかし居酒屋は違う。映画『居酒屋兆治《ちょうじ》』の主人は高倉健でしたが、あんないい男じゃ客のこちらは気詰まりで仕方がない。刃物も持っているからなお怖いし、ミスキャストでした。居酒屋主人は苦労人の人情家がいちばん、東野英治郎《とうのえいじろう》、花沢徳衛《はなさわとくえ》ですナ。

居酒屋にひとりで入ると話し相手は主人ですから、主人と気が合うかは最も重要になります。女性は寡黙《かもく》ないい男をじーっと見ているのもいいでしょうが、軽口たたいて何でも言える方が楽。こういう、まあ、お父さんのような安心感のある主人のいるカウンターの片隅で、ぼおっとお酒を飲めるのが王道中の王道。それを知ると居酒屋とはおいしい肴や酒を味わうだけの所ではないとわかる。

アメリカ映画によくこんな場面がありますね。ヒロインがちょっとクサって、年配マスターのいる安バーに行く。

「エイミー、今日はふさいでるね」

「ううん……ちょっとね」

この「ととや」でそれを実感します。何を聞かれても、ふざけて答える器用さのないまじめなトミさんは女性を安心させる。女性ひとり客から何かオミヤゲをもらっているのを見て、「トミさん、もてるじゃない」とひやかしたら、箸を振り振り真顔で「オレ、そういうのダメ、全然ダメ」と抗議するのがおかしく、さしあげた女性とぼくは笑い、その人とも話すようになりました。出版社にお勤めのすてきな女性でした。

もう一つ気づいたのは、そういう雰囲気を自然に生み出す店のレイアウトです。長四角の店内の右に長いカウンター、左壁に狭い机三つ、突き当たりに十人ほどの大テーブルという、デザインもなんにもないシンプルな空間。

数年前の移転では、会社事務室だったこの一階を「最低限の予算」で改造。テーブルも大黒板も冷蔵庫も使えるものはぜーんぶ持ってきたと笑いますが、インテリアデザイナーだの空間プロデューサーだの、何か特色を出したがる設計とは正反対の「これでいいんだ」という平凡にして黄金のレイアウトは、どの席からもトミさんが見えて声が届き、トミさんの声も通って店を一体感でつつみます。

カウンター席はトミさんと小声でナイショ話もでき、終わった皿も手渡しで戻せる。目立つでなし、こそこそするでなし、ひとりで来てるあの女性はトミさんの知り合いなんだと、周りを納得させる。女性はとかく主人を独り占めしがちですが、何度も来るとそういうこともなくなり、心置きなくひとり酒ができます。

＊

居酒屋は、女性の場合は特に自分のホームグラウンドの店を持つことをすすめます。女性はあちこちの店に行きたがりますが、居酒屋はそうしない方がいい。いつもの席で、いつもの主人の顔を見て安心する自分の居場所をまずつくる。それには常連になること。肩肘《かたひじ》張って「おひとりさま」とか、無理やり自分の存在意義をつくることもない。

男がひとりで飲む時は、まずこういう気楽な居酒屋です。そういう時に高級会員制バーなんか行く奴は信用できない。女性も同じ。女性がひとりで飲む時、おしゃれな町の小じゃれた店もいいが、「じつは四谷の居酒屋なの」とぺろりと舌を出す女性の方が好きだな。そういう人の方が知的だな。

あなたもひとり客。恋人がいないからひとりで行く？　いいえ、いますよ、でもここには連れて来ない。ここはひとりで来るからいいの。

「たまには男でも連れて来なよ（冗談）」

「あら、いいの？」

「見たいよ、見てやる」

「いい男よ」

「ふーん、いたんだ」

「へへへ」

ほんとか嘘か。後ろの席でぼんやり聞いている私でした。

4

さつま揚げと純米酒お燗

――自由が丘「銀魚」

女性に人気の町、自由が丘。すてきなショップ、おしゃれなケーキ、大人のバー、もちろん居酒屋もある。女性ひとり飲みには「銀魚《ぎんぎょ》」がいいでしょう。

唇を強調した色っぽい魚の絵の看板が目印。通りに面したテラスから店に入ると、奥に延びる長いカウンターがメインで、机席もあります。カウンターの両端にはいつも天井に届くほど盛大に枝花が飾られて、華やかな雰囲気です。

「おお、もう、桜だ」

「おかめ桜というんです」

ピンク色が満開の小桜には緑の若葉もついて桜餅のごとし。先週は木瓜《ぼけ》だったそうで春は着実に近づいている。成城に花市場があり、魚仕入れの築地から成城、そして自由が丘とワゴン車で回ってひと仕事とか。これだけ大きい枝花は花瓶ごと倒れそうですが釣り糸でうまく固定しています。カウンター上と奥の飾り棚のミニ盆栽は、おかみさんのお父さん丹精《たんせい》の作ですが、外に置いているため最近泥棒が出没して、良いものから持って行くのが口惜しいとか。花談議が終わるのを待って出された今日のお通しは、〈氷頭《ひず》なます・自家製こんにゃく甘みそたれ・毛ガニの脚一本〉。ちまちまっとしたきれいな三点盛りは女性好みですね。

紺着物に白割烹着のおかみさんと臙脂着物二人の女性三人の店は、赤い壁、赤い座布団、赤い団扇《うちわ》など赤が効果的に使われ、これも女性らしい雰囲気です。

「いらっしゃいませ」

台所から作務衣《さむえ》のご主人が挨拶《あいさつ》。おかみさんと夫婦です。ぼくの経験では男主人ひとりに、あとは皆女性という居酒屋はたいてい良い。男が二人以上いるとどうしても雰囲気がかたくなりますが、男は店の軸として控えめに。接客は女にまかせたという所は、女性たちが男を頼りにしている様子が感じよく、そういう主人は案外女性ファンがつくものです。

「銀魚」はもとは、おかみさんのお母さんがやっていた「銀寿司」という寿司屋でした。お母さんは魚の仕入れ先で、まじめに働き性格も優しいひとり者を見込み、「うちに娘が三人いる、どれでも好きなのをあげる」ともちかけました。まさに〝自由が丘の三金魚〟。いいなー、男なら一度は言われてみたい「娘三人、どれでもあげる」。

そして彼はいちばん下の娘と結婚。

「いちばんいいのを選んだんだ」

「そんな……」

主人は照れて返事のしようがなくおかみさんは笑っている。心は「そうよ」かな。

母は三姉妹に自分も加え、細雪《ささめゆき》四姉妹と言っていたそうです。三人娘はそれぞれ嫁ぎ、母の店は末娘が継ぎました。山の手自由が丘に生まれた姉妹は谷崎潤一郎『細雪』の芦屋《あしや》のように、どこか明るい空気を感じます。

主人はぼくと同じ長野県出身と聞いて親しみがわきました。厳しい山国・長野は、黙って努力するしか道はない。同郷のよしみで故郷の悪口は言える。

「長野県の人は理屈っぽいでしょう」

「そんなことないですよ、でもそうかな」

ツマランこと言うのはやめて酒にしよう。手取川《てどりがわ》、黒龍《こくりゅう》、磯自慢《いそじまん》、獺祭《だっさい》など手堅い銘柄の中に今注目の千葉の「福祝《ふくいわい》」がある。「特別純米無濾過《むろか》生原酒・山田錦・厳選槽場《ふなば》汲み」か。燗酒で頼むと女性が盃の並ぶ木箱を持ってきました。盃を選べるのは楽しいですが、選ぶルールは自分の決めたものだけに触ること。他の人もいますからね。じーっとにらんで硬い磁器のにしました。燗酒は陶器より磁器が味が冴えます。

ツイー……。これはうまい。〈三人兄弟で造りあげるこだわりの美酒、淡麗《たんれい》ながらふくいくたる深み〉という品書きの説明通り。

「おかみさんが書いてるの？」

「そうです、思い込みですけど」

ちゃんと読んでもらえて嬉しそうです。肴は、ざっくざっくと粗切りした玉葱と明石タコを入れた当店名物の〈さつま揚げ〉。たっぷりのおろし大根と生姜《しょうが》で、ボリュームもあって女性は好きでしょうね。もう一つの名物〈つくね芋揚げ〉は、硬い砲丸《ほうがん》のような芋を擂《す》り下ろして海苔《のり》ではさんで揚げ、山葵《わさび》醤油で食べる。もっちりふわふわした熱々の食感はこれまた女性に好まれそう。ピリリと辛い〈昆布の山葵漬〉、削りたて鰹節山盛りの〈茄子焼〉はぼくの注文の定番。〈納豆の十一種盛り〉はボリュームがあってうまい。

＊

「女子会」、女性だけの飲み会も盛んだそうです。居酒屋も「女子会プラン」を用意し、特徴は通常よりも客単価が五百円ほど安く、時間制限が三時間と長い。予算に厳しくおしゃべり好きの女性向けらしいですね。ただし男がひとりでもいると、このプランは使えない。女性だけの飲み会は、悩みや不安、男の話などかなりあけすけになるとか。怖いですナ。会社勤め数年のOLはお酒を飲んでいろいろ吐き出したいのでしょう。それには気の置けない居酒屋はぴったり。不況で厳しい居酒屋業界も女性客は伸びているそうで、居酒屋もいずれ女の城になるかも。

「ここは女性客は多いですか」

「多いですね」

と言っても、若い娘よりはキャリア女性。横須賀米軍基地で日本語を教えているある女性は自由が丘が好きで、逗子《ずし》から来てお買い物をしてここでゆっくりしていくとか。女性には膝かけサービスがあります。

三十代くらいの女性二人は「ウチのがね」と言うので、ああ結婚してるんだとわかりました。若い夫婦が子供連れで来ているのも見ました。どうやらご主人の会社帰りをここで子連れで待ち合わせたようです。銀魚のおかみさんは小さなお子さんがいるせいか子連れ客は大歓迎で、二階の座敷に案内するそうです。座敷ならば幼児も目を離しても安心だ。若い夫婦もたまには外でお酒を飲みたいでしょう。ひとりで来た男が後日に奥さんを連れて来て、その後に奥さんが「ママ友」同士で連れ立って来るパターンが多いそうで、何の心配もない店なのでしょう。

入口の五人掛け机には、スーツの年配男が若い女性から花束を贈られ嬉しそう。「何かお祝いですか」と声をかけると「じつは還暦で」と照れる。若い女性に還暦を祝ってもらうなんてきっと普段の人柄が信頼されてるんだろうな。そのうちメンバーが揃い、ビールで乾杯。店からは大きなキンメダイ煮付けがプレゼントされました。

高級住宅地・自由が丘の居酒屋はまことに健全で、大人で、家庭の延長の感じですが、互いにあまり深入りしない様子はやはり勤め人の多い山の手ですね。

自由が丘には居酒屋通に知らぬ者のない「金田《かねだ》」という名居酒屋がありますが、いきなり名店に入るのに気後れがあればこの「銀魚」がいい。自由が丘に住む知り合いのコピーライターが「自由が丘の金と銀」と名言を吐いたとおかみさんに聞きました。

*

自分の住む町の近くに、行きつけの居酒屋を持つ。お勤め帰りもここまで来れば家は近いという安心感でちょこっと入り、ご主人やおかみさんとなんとなく世間話。ご主人は優しく控えめなので女同士の話もできる。「ただいまー」という感じの居酒屋は良いものです。まさにもう一つの家庭。当店名物〈鯵《あじ》のなめろう丼〉まで食べればもう夕飯はいらない。あとはお風呂入って、テレビ見て、寝酒。ああ、この調子では結婚できない。そんなことないですよ。どこに出会いがあるかわからない。

ぶらりとやってきた若めながら落ち着いたカップルは、男は眼鏡に黒とっくりセーター、女性は春の先取りのような辛子色のニット。上着なしの手ぶらは近所に住んでいる人でしょう。あまり会話をしないので夫婦とわかる。注文もそれぞれ別です。燗酒を含み料理をつつく。〈カワハギ刺身〉は二人で一つ。

「肝醤油、おいしいわね」

「うん」

「けっこう、ここに来てると思う」

「はじめてはいつだっけ」

あれ、ここで出会ったのかな。少なくともデートはしたんだ。

へえ、そうかあ……。

※「銀魚」は閉店しました。

5

イカのつけ焼と三つの盃

——西荻窪「酒房高井」

新宿から西へ向かう中央線沿線は、井伏鱒二《いぶせますじ》、上林暁《かんばやしあかつき》、木山捷平《きやましょうへい》、青柳瑞穂《あおやぎみずほ》、巖谷大四《いわやだいし》ら文学者が住み、独特の文化的な雰囲気をつくってきました。今は美大生や演劇青年、音楽、アニメなどのポップカルチャーに、昔ながらの名曲喫茶、ジャズ喫茶も健在。綿入れネンネコに下駄《げた》履いてクラシック名曲を聴きに行く感じですね。

居酒屋はどうか。中野、高円寺、阿佐ケ谷、荻窪、吉祥寺と続く沿線の居酒屋はいずれも個性的ですが、特徴は主人に人生観があり、しばしば商売よりも自分の趣味主張が優先し、客や売り上げを増やす意欲はあまりなさそうということ。客もわかっていて、自分にフィットする店をいつのまにか見つけ、しこしこと通う。食べ歩きだのグルメだのはくだらないと思っている。

ではそこで何をするか。芸術論でもたたかわすか。いや、酒を飲んでぼおっとしているのです。

＊

西荻窪駅北口、バス停向かいの細い通りは、焼鳥屋、立ち飲み、ワインバー、うまそうなラーメン屋などが続き、それも尽きてこの先は住宅地となる最後に居酒屋「酒房高井」があります。開店は六時で私は本日最初の客。ここは夫婦が一日交替で店に立ち、今日は主人の日でした。

「こんちは」

「あ、どうも」

座って読書中だった主人はいつもとまどったような顔です。

「雪の茅舎《ぼうしゃ》、お燗」

「はい」

シーン……。

このシーンがいいんだ。もちろん音楽もテレビもない。話をしに来るのではないからこれでいい。カウンターには必ず数種の花が、空き瓶投げ込みで置かれる。今日は黄色のフリージア、ピンクのチューリップ、私の前はこの春最後の桜枝です。

「お待ち」

徳利代わりの片口からほのかに湯気が上る。小ザル三つ、中ザル一つに盛られた主人の集めた盃選びがお楽しみ。じーっとにらんで取り上げたのは、指先でつまむ感じのほんの小さな翡翠《ひすい》色の磁器盃。

ツイー……。

春のぬる燗ほどうまいものはない。うまいよなー、と眺める盃に文字がある。難しい字だが読んでみようとしばし見入る。

——敷島の大和心を人問はば朝日に匂ふ山桜花

なーんだ、戦争中にはやった文句だ。よく見ると旭日《きょくじつ》と桜が浮き彫りで、目の前には本物の桜。何かの縁かいなー（たいしたこと考えていない）。

黙って置かれたのはホタテ貝丸一個の醤油焼で、お通しにしては豪華だ。

「お通し、大作だね」

「いえ」

どうにも張り合いのない返事だがそれがいい。

玄関を入ってきた人は奥さんで立ち上がって挨拶。

「どうも」

「あらー、ぐうぜん」

この奥さんはどこかとぼけたマイペースが面白い人で、奥さんの日には、ぼくは前に座り、主人の日と違っていろいろ話をします。いつか話が途切れるとそこに置いたカセットでぼくだけに聞こえるように、ちあきなおみを小さくかけてくれました。今日は整体に行った帰りで用はないが様子を見に来たらしい。「整体がいちばん、どうぞごゆっくり」の面白い挨拶で出ていき、主人とは結局何も話さなかった。

上弦《じょうげん》の月を長く延ばしたように浅くカーブしたカウンター、床板、梁《はり》など木を多用し、網代《あじろ》の化粧壁や電灯などがいい味です。そのはずで、主人は大映京都撮影所で照明助手をしていた方で、大映京都といえば水谷浩、内藤昭、西岡善信など日本最高の美術監督が数々の名作を世に出した撮影所。古い映画好きのぼくはこのことばかりは主人と話し込みました。

ここは住宅街になる手前というのが象徴的な立地です。仕事を終えたひとり客が、あとは家の鍵を開けるだけとひと息つきに入る。無念無想、女子ひとりが黙って手酌《てじゃく》していても違和感なく、たまにいるカップルも同居同士らしい。なら家で飲めばいいのにここに座るのは、家よりいいんでしょう。奥さんも支度しなくていいし、風呂だのなんだの生活の匂いがない。いい酒もある。他人の中にいるちょっとした緊張もよい。ですから混んできても店は案外静かで、主人を中心にした半円形カウンターがつくり出すなんとはなしの店の一体感がちょうどよい。このぬるま湯的居心地ですね。

主人は口数少ないけれど、何かしゃべらなきゃとひとりで焦っている雰囲気もあり、その飾らない（飾れない）人間味がこの店の良さ。客に愛されている証拠に、カウンター上の飾り棚の神田明神や大酉祭《おおとりまつり》、金峰山《きんぽうざん》などあちこちの厄除け札は客が勝手に持ってきたもので、よくわからんがお神酒《みき》だけは上げているそうです。主人は夫婦交替の休みの日は一日家にいて読書三昧《ざんまい》。定休日には近所に飲みに出るが、いつも同じ店で西荻以外どこも行く気がない。まさにここの客と同じことをしているらしい。

中央線の居酒屋はニューファミリーというか若い夫婦の客がとても多く、小さな子供を連れて来るのも普通です。ここにも常連さんが連れて来た当時五歳の女の子が描いた「たかいさん」と書いた似顔絵が貼ってある。子供の絵を貼るのはいかにも中央線的で、銀座や渋谷ではあり得ない。いつか主人が「髪の毛が少なく描かれた」とツマラン文句を言うので「子供の目は正直」とムキになって笑ったことがありました。

＊

人生は努力とチャレンジと意気込む経済評論家・勝間和代《かつまかずよ》さんと、自分の範囲にのんびりでいいと説《と》く精神科医・香山《かやま》リカさんの対決、という話題がありました。あなたはカツマー、カヤマーどちらですか。勝間さんは、ひとりで酒飲むなんて時間がもったいない。きちんとスケジュール管理して、然《しか》るべき一流店で（ミシュランで話題のとか）、パワーある要人と会って自分を売り込む。それをまた次のステップにする。お忙しくてなによりです。

ここにはそういう人はいない。今帰っていったスーツの若い男も、ぼうぜんと天井を見て酒を飲んでいただけでした。

スキルアップ、出世、良い結婚。欲をかいたらきりはない。今ここにある居心地をまず味わってみようではないか。世間に生きる限り、自分の世界などそう通せるものではない。第一給料でお金もらってるんだから。

でも人間それればかりじゃ生きている価値がない。そういう時は居酒屋だ。こっちはお金を払ってるんだし、どっぷり自分の世界に浸らせていただきます。人疲れしたあとの酒は黙って飲むのがいちばんだ。勝間さんの本に「問題がひとりでに解決することは、絶対にない」とありましたが、ひとりでぼんやり酒を飲んでいたら、いつのまにか悩みが消えていたことはあります。

＊

〈芹《せり》のおひたし〉はしゃきしゃきとうまかった。〈豚肉と春キャベツの重ね煮〉は春の香りがした。たれに漬けておいたイカを焼いただけという〈イカのつけ焼〉は食べても食べても箸がすすむ。

「酒もう一本、香住鶴《かすみつる》」

「はい」

ツイー……。

「香住鶴、おいしいねえ」

「あ、これ、安くてうまいんですよ」

主人が珍しくにっこり笑う。「雪の茅舎」は翡翠色の小盃、二本目「千代むすび」は山水画のやや角張った中盃、三本目「香住鶴」は〈開校拾周年記念〉と入る配り物の平盃《ひらはい》。酒ごとに替えた三つの盃を並べ、じっと見ている春の宵《よい》でした。

6

カツオと夏吟醸ぬる燗

——三軒茶屋「うち田」

世田谷区の三軒茶屋は女性のひとり暮らしに人気の町です。渋谷から東急田園都市線で西へ二つ目。急行ならば一駅。東はそのまま半蔵門線乗り入れで表参道や青山のファッションタウン、その先は永田町、大手町の日本政治経済の中枢《ちゅうすう》、さらに下町の錦糸町へと、東京の中心を東西に横断するまことに使い勝手のよい路線ですね。

同じ渋谷隣の代官山と違い生活感にあふれる山の手の下町で、主役はスーパー「肉のハナマサ」。おしゃれな代官山はデート向きですが、肉のハナマサ前で待ち合わせはおしゃれでない。よってこの町はデートに使う心配もなく、ひなびた映画館「中央劇場」やキャロットタワーの「世田谷パブリックシアター」で映画や演劇を観て、ついでにでっかい「TSUTAYA」でDVD借りて、餃子マニアご用達《ようたし》「東京餃子楼」か、カレー好きの「ASIAN SOUL」（現在閉店）、遠くからファンの来るハンバーガー「ベーカーバウンス」あたりでのんびり過ごすことになります。渋谷の隣町の雰囲気はアメリカ映画によく出てくる「スモールタウン」に似て、普段着で外を歩ける安心感があります。

仕事もおしゃれもピンと意識を張ってばかりでは疲れてしまう。人間関係も同じ。せっかくひとりの時はただ食べること、それのみ。何の気がねもなく好きなものを食べてぐーたらしよう。ちょっと飲みながらとなるとやっぱり居酒屋だ。

＊

三軒茶屋駅から茶沢《ちゃざわ》通りを少し行った先の居酒屋「うち田」は、仕事帰りにぶらりと通るような場所ではないですが、平成十四年に開店してすぐに評判となりました。

そのわけはすばらしき多彩な料理。お刺身など居酒屋定番はもちろん、年一度休みをとって全国の居酒屋を回り仕入れルートをつくった各地のうまいもの、魚貝のみならず牛肉や鯨、洋風料理まであり、選ぶのに迷います。カウンターと小さな小上がりに机三つのとても小さな店に、父と娘や年配女性同士、若い二人連れも、皆気軽な服装はご近所の方でしょう。まさにスモールタウンの常連客。

今日は若い独身女性を誘って来ました。下心はないですよ（今のところ）。居酒屋ではひとり派のぼくですが、若い女性が何を注文するかに興味をもったのです。彼女はここははじめてだそうです。

「とりあえずビールかな」

「はい、私も」

ングングング……。

お通しは〈サクラエビ、茹でアスパラ、黄身酢（卵黄を土佐酢で湯煎《ゆせん》した和製マヨネーズのようなもの）〉の三点盛り。赤、緑、黄の三色がきれいです。さて注文。

注文は難しい、注文にはセンスが出ます。余計なことは言わず彼女の選択を見よう。

「あなたは何にする？」

「うーん……、最初はお刺身かしら」（そうですね）

本日の刺身は、〈生本マグロ（赤・トロ）・カツオ・トロキンメ・アジ・イワシ・マコガレイ・キス・白イカ・生ウニ・ツブ貝・ハモ炙《あぶ》り・サゴチ（サワラの若魚）炙り・赤身ヅケ・ホヤ・岩ガキ〉。

「やっぱりカツオかなー、カツオ」

「じゃ、ぼくはマコガレイ」

赤身と白身にしたつもり。届いた鰹はさっぱりした背身と、軽く脂ののる腹身に盛り分けられ、旬だけあってとてもおいしい。

「おいしいわー」

「うん、うまい、血の味がする」

背と腹が一切れずつ残った。

「どちらでも好きな方をどうぞ」

「いえどうぞ」

「いえいえ」

では、と赤身の背を選ばれてちょいと残念。続いたマコガレイはフグのような薄造りに紅葉《もみじ》おろしとぽん酢醤油。腹身のコリコリしたところも添えられた豪華な一皿。これは酒だ。燗酒「九頭龍《くずりゅう》」を注文しました。

「さて次は？」

「うーん……」

半紙の品書きはおよそ五十品以上。彼女はウンウンとしばらく呻吟《しんぎん》して顔を上げました。

「これ、〈ハモと水茄子《なす》のくず煮〉」

おお、それはいい、私も第一候補にしていたものだ。

「じゃ、ぼくは〈カニ身とカニみその炙り〉」

生魚から次の段階に入った実感がある。焼空豆でしばしつないで届いた小鍋立ては、鱧と水なすを半透明な葛《くず》でとじた熱々。いそいそと二人で小鉢に分け合い、ハフハフハフ。鱧の旨味がジューシーな水なす乱切りにしみ込んでうまいのなんの。

「おいひい！」

「んまい！」

私の頼もうと思っていたものを注文してくれて、それは大正解だった。この人とはやっていけるかもしれない（何を？）。

カニの身をほぐしてカニみそと和え、平皿に広げてほんの少し表面を焼いた〈カニ身とカニみその炙り〉はこの店の必殺酒飲みスペシャリテ。

「うわあ！　これはお酒ね」

焦げて平皿の縁にこびりついたところまで丁寧にこそぎとるしぐさに彼女の満足がわかる。彼女はこの人（ぼく）とはやっていけると思ったかな（何を！）。ハモと水茄子のヒットに私も凝ったもので対抗しなければと注文した〈水茄子・フルーツトマト・アンチョビチーズ焼〉はイタリア風。さればと頼んだ神奈川の名酒「天青《てんせい》」の夏用低アルコール純米吟醸「夏」は白ワインの味わい。それをあえてぬる燗に。

「このお酒がぴったり合いますね」

それを言ってほしかった。少なくとも飲み友達にはなれそうだ。

＊

最近は男も女も注文のできない人が多い。というか、何によらず自分で決めることができない。相談して注文を選ぶのが外食の楽しさなのに、「何にする？」「私なんでもいい、まかせます」は拍子抜け。喜びそうなものにしたのにたいした感想もないんじゃ面白くない。「自分では決めず、あとで文句言うタイプだ、やめとけ」となる。

相手が女性の場合は気を遣いますが、男同士だと自分のものだけ注文し、相手がいつまでも決められなくても放っておく。先に届いた肴で悠々と一杯。「それちょっとくれる？」と言われてもやらない。居酒屋の肴は一人前の量を食べてちょうどにできている。「欲しければ自分で頼め、大人だろ」です。いえ、女性にはもちろんお分けしますよ。でも自分でどんどん注文できる人の方がいいな。

さて、ここで相談しておこう。

「最後のシメだけ決めとかない？」

ご飯ものの〈生ウニ巻寿司・平目昆布〆押寿司・生本マグロづけ押寿司〉から、マグロに決め、もうひと押し。ぼくは夏吟醸が届いたので刺身アゲイン、未練を残していた夏の〈キス〉にしよう。「私、これがいいわ」と彼女の指さしたのは〈アジと白瓜の酢のもの〉。おお、いいもの選ぶのう。ぼくがその後に頼もうと思っていた品、夏はさっぱりした酢の物が欠かせない。食欲も増進するし、彼女センスいいな。

届いた〈キス刺身〉は、茶に金泥《きんでい》を刷《は》いた重厚な角皿に穂紫蘇《ほじそ》、青紅葉、スダチを配して可憐なキスを盛り立て、あたかも一服の日本画。小さな鮫《さめ》のおろし金に山葵もたっぷり。隅に添えた梅肉が画家の落款《らっかん》のようだ。

「まあきれい」

山葵と梅肉の味較べで楽しく話がはずむ。

〈アジと白瓜の酢のもの〉は、大きな鮑《あわび》の殻の形のガラス鉢に、鳴門《なると》の新若布《しんわかめ》と茗荷《みょうが》、スダチが添えられて涼味満点だ。白瓜といえども緑ほのか。薄切り瓜のぱりぱりしゃきしゃき、脂ののった厚い瀬つき鯵。「夏は酢と薬味野菜が料理のかなめ」とぼくはいらぬ講釈《こうしゃく》を始める。

＊

やっぱり食べ物っていいですね。同じものを食べて同じ感想をもつと、同じ感性の持ち主かと思う（一緒にやっていけるかも）。注文にこだわる人からはいろいろ知らない味を教えてもらえる。

シメの〈生本マグロづけ押寿司〉を熱いお茶でおいしくいただき満腹に。

「ああ、よく食ったなー」

「私も、おいしかったわー」

さて腹はいっぱい、次はバーかな。すると渋谷か。地下鉄入口前まで来て彼女がぼくに声をかけました。

「今日はごちそうになりました、急ぎの電話があるのでここで失礼します」

「あ、……あそう、じゃ気をつけてね」

ひとり渋谷のバーに向かう初夏の夜でした。

7

稚鮎のパテと初留焼酎
——人形町「釉月」

私も居酒屋に入ってみようかしらと思い始めてくれましたか。

女だってお酒を飲んで気持ちを発散させたい時はある。「女子会」はその場所だ。でも、ひとりで飲みたい時もある、男のように。

小ぎれいな店のカウンター隅で、気の利いた肴とおいしいお酒。ひとりはしゃべらなくていいからいい。そうしている男の人って魅力。私はどう見えているかしら。男がいない寂しい女のひとり酒と思われて（そうだけど、寂しくはないわ）、ヘンな男に好奇の目で見られるのはいやだけど、雰囲気がそうさせない店はある。

いえいえ、もっと積極的にこのカウンターで好きな男の人と二人で飲みたいな。

デートはいつもここ。時々お酌してあげる。結婚しても同じ店に通うような夫婦がいいな。――わかりました。紹介しましょう。

＊

場所は人形町です。明治座を控えた粋筋《いきすじ》の下町、阿部寛《あべひろし》主演の好評テレビドラマの舞台でもある。甘酒横丁にはおじさま方に知られた居酒屋もあるが、その人気の表通りではなく、日本橋の銀行や会社に近い方のビルの地下。居酒屋とは違う大人のたたずまいは、通りすがりに入る人は少ないでしょう。女ひとりか、他人に見せたくない彼と来るにはまず絶好のロケーションです。店の名は「釉月《ゆうげつ》」。開店してすぐ雑誌に紹介されたちまち評判を呼び、予約のつまった店になりました。

「こんにちは、予約の太田です」

「はいはい、どうも」

笑うのは三日前も来たから。先日注文しきれずに残した未練の品をリベンジに、本日のいちばん客で来た。酒場は開店いちばんに入るのがぼくのモットーです（関係ないか）。

ここは黒ビールの生があるうえに、ビール通が日本の黒ビールのベストと言うキリン・スタウトも置くのが本格です。

キュー……。

今は夏、その日最初のビールほどうまいものはない。しかも普通ビールと黒ビールのハーフ&ハーフ。

はじめてここに来た時なにげなくつまんだお通しの〈イカ塩辛〉のうまさに目を見張り、この店はできると思ったのでしたが、本日のお通しは〈小松菜とメバチマグロのぬた〉。主人が「こないだの〈うぐいす菜お浸し〉と同じ農家の小松菜です」と言うのは先日のお通しのことで、八ヶ岳の農家産と聞きました。

今日の薄味の味噌ぬたもおいしい。お通しは注文の料理ができるまでこれでしのいでくださいという意味ですが、店のセンスの見せどころでもある。気が利いて量は少なく、食欲よりは飲み欲を高めるのが良いお通しで、あてがいぶちですがタダではない。外国人が「注文してないものが出た、これはカネをとるのか、断ってもいいのか」と息巻いていますがヤボですな。

さあて本日の品書きの検分。これが楽しいんだ。ちなみに先日の私は〈マコガレイ刺身〉白絹の味わい、〈〆鯖〉濡れ濡れの妖艶《ようえん》、〈水ナスお浸し〉まだ若い、〈稚鮎《ちあゆ》の塩焼〉時期到来、〈白エビ唐揚げ〉エビ大きく香りすばらし、〈茹でグリーンアスパラ〉パルミジャーノチーズのせ、そしてシメは、〈焼魚と大葉のまぜご飯〉めちゃうまし、でした。

本日はまず先日の未練の解決から。

「メバル一夜干しね」

「すみません、終わっちゃったんです」

えー？　それはないよ、だってぼくいちばんに来たじゃん！

「残り一つが今出たんです」

いつのまにか後ろに来た客がすぐにそれを頼み「ははあ、人気だな、はやく頼まなきゃ」とは思ったが一枚しかないの！　おそらく休日に作ったのが木曜の今日で残り最後になったのだろう。のん気に品書き見てるんじゃなかった。思わず黄色い声をあげた自分が恥ずかしい。こうしてはいられない、急いで注文計画を立てなければ。「〈アサリと青海苔の揚げ出し〉と〈稚鮎のパテ〉をキープ。なくなりそうになったら言ってよ」「はいはい大丈夫です」と笑われるがこれも先日未練の品だった。

＊

落ち着くと聞こえてくる歌声はフランク・シナトラ。ここはいつもシナトラで、大人の男性の軽快な歌声が店の雰囲気をつくります。カウンター正面白壁の一輪挿しは木イチゴの枝だそうで、蔓《つる》にからむ青葉と白い花がお茶席のように奥ゆかしく引き立ちます。調理場に立つのは黒Tシャツにモダン柄手拭いを頭に巻いた主人ひとり。まだ三十代前半と若いが、ホテル、フレンチ、居酒屋を経験し、満を持《じ》してここを開きました。シンプルな調理場（自信のある料理人の仕事場はみなシンプル）は西洋のソースパン、日本の雪平《ゆきひら》打ち出し、中華の鉄鍋が混在して料理の幅広さを見せます。

ぼくがはじめて来た日は奥の板張り小上がりに十人の団体が入っていましたが、少しもあわてない仕事に彼の腕を見ました。フロアのすてきな丸顔美人の方（奥様ではありません）も黒Tシャツ。お酒を運んで来た時と、お勘定の時にちょっとお話しするのが楽しみ。こないだは名前聞いちゃった。

お酒がまた非常に充実。日本酒もいいですが、焼酎は芋・麦・米・黒糖・栗・泡盛に分かれ、注目は「初留《しょりゅう》・原酒」のコレクション。初留とは蒸留釜から流れ出る最初の滴《しずく》を集めた最も純粋な、日本酒で言えば「初しぼり」の希少品です。それが十四種もある。さらに焼酎を前もって水と割って寝かせた「前割り」が十五種も。これをお燗で飲む。

焼酎はオン・ザ・ロックで飲むものじゃありませんよ。まして梅干しを入れるなどとんでもない。焼酎と水を六対四くらいに割ると日本酒と同じアルコール度数十五度ほどになり、これをお燗して盃で飲む。これがベスト。好き好きですがぼくはこれをすすめる。地元九州はどこの家も前割りをお燗する。焼酎にお湯を注ぐお湯割りは手抜きです。しかもここは錫《すず》の徳利を使う。熱伝導率の高い錫は熱いものはすぐ熱く、冷たいものは即冷たくなり、中の温度をずっとキープする優れもの。燗酒用のちろりも、ドイツのビールグラスも錫製が高級なのはそのためですね。

さて今日はそうだな、品書き最後のページ、本日の推薦から「前割り・吉兆宝《きっちょうほう》山《ざん》」にしよう。

ツイー……。

うまいなあ、前割り焼酎のお燗。焼酎の良さは日本酒の華麗とは違う渋い男の魅力。女性にこういう男らしさを知ってほしい。

〈アサリと青海苔の揚げ出し〉は、まず揚げ出し豆腐を作って殻つきアサリと青海苔たっぷりのおつゆをかけた意外な傑作《けっさく》で、いやうまいこと！

「大粒だねー、このアサリ」

「浜名湖です、青海苔も浜名湖のいいのがあったんで、浜名湖シリーズと」

ふうん、無我夢中で酒はひと休みになった。

さて〈稚鮎のパテ〉登場。どういうものかと思ったが、抹茶アイスのような色のパテを、乾いたフランスパンにのせてある。そっとかじると、鮎の清潔な魚味とワタの苦味がまじり、かすかな青い香りは鮎が食べる川苔《かわのり》のためだろうか。鮎ワタの塩辛「うるか」は日本酒最高の珍味と言われますが、これはまさに若い「苦うるか」。稚鮎を蒸して丸ごとフードプロセッサーにかけ、裏ごしして生クリームに塩少し。魚のゼラチンで自然に固まるそうです。

「これはすばらしい、初留だ、初留くれ!」

届いた「さつま寿《ことぶき》・四十度初留原酒」をストレートでちびり。

「合う、これっきゃない!」

「ははは、どうも」

騒ぐ私を笑う主人と丸顔美人でした。

＊

いかがですか。いや、騒げと言ってるんじゃない。きちんと修業を重ね、万全の準備で開いた、ぼくに言わせれば「居酒屋の理想」の店を楽しんでほしい。奈良の陶芸家に焼いてもらった浅葱《あさぎ》色の豪快な皿はみごとで、トイレ壁に無数に留めた陶芸展の案内が主人の趣味を物語ります。器は相当あるらしく、予約客には箸置き・盃・取り皿を、あの二人組にはこれ、こちらの四人客にはこれ、と違うセットで用意して並べているのが心配り。というよりいろいろ使ってみたいのかもしれません。

客は隣の日本橋から来たらしい落ち着いた大人が主体でひとり客も多く、酒と料理に満足している静かな充実感がこの店の品になっています。

「ねえ、私の知ってる店行かない?」

「へえ、どこ?」

「人形町」

「ふーん、何がおいしいの?」

「稚鮎のパテと、前割り焼酎」

大人っぽいじゃありませんか。

※「釉月」は隣の東日本橋に移転し、ますます充実。

8

煮はまぐりと白鷹ぬる燗

——自由が丘「金田」

大人の居酒屋ってどういう店だと思いますか？

場所は銀座あたり。小路《こうじ》の奥のちょっと粋な小料理屋。「よう」と暖簾《のれん》をくぐると着物に白割烹着のおかみが「あらー、お久しぶり」と胸前でパチンと手をたたいてお迎え。まだじゅうぶん色気の残る四十がらみ。カウンターの向こうで「先生どうも」と板前も挨拶する。さっとカバンを預かり「はじめはおビールね。板さん、お刺身何かいいところ切ってさしあげて」とてきぱき進めて熱いおしぼりをほどいて渡す。

いいですねー、こういうの。もうちょっと続けますか。

「おかみ、ちょっと太ったんじゃない？」

「んもう、先生のいじわる。私も一杯いただくわ。ちょっと、おビールグラス頂戴《ちょうだい》」

かちん、ングングング。

「あーおいしい、さ、もひとつ」

「うん、アルバイトのあの女子大生、今日はいないの？」

「あら、お目当てね（つねる）」

「いてて……」

ばかばかしい、やめましょう。

これも大人の居酒屋ですが、また別の大人の居酒屋を紹介しましょう。

＊

場所は自由が丘駅前飲み屋街の小路。店名「金田」。二重の戸を開けるとコの字のカウンターが二つ。着物に白割烹着のおかみではなく、白衣の年配主人が「いらっしゃいませ」と迎え、胸前でパチンと手はたたかない。奥さんが注文伝票と鉛筆を持ってこちらに来ますが「はじめはおビールね」とは言わない。奥の厨房では若いのが黙々と働き、こちらには目もくれない。おしぼりは出ない。

要するに普通の居酒屋ですが、見ているといろいろなことに気づきます。まずカウンターに座れるのは二人連れまで。三人以上は「お二階へどうぞ」と言われる。今日のカウンター、五時半は私を入れてひとり客が八人。本を読みながら飲む人、読まずにカウンターに置いただけの人。コピーの本日の品書きに読みふける人、無念無想に天井を見る人。携帯メールを見ている人はひとりもいない。あとは年配ご夫婦が一組。ひとり客はしゃべらないので店は静か。ご夫婦は話をしているが互いに聞こえればよい範囲の小声です。店の主人と奥さんは定位置に立ち、何か頼もうとしている人はいないかと常に目配りしている。注文したい時は、主人を見ていれば必ず目が合うのでほんの少し手で合図すればよい。要するに何もかも静かにことが運んでゆきます。「賑《にぎ》やか」と「静か」は好みが分かれますが、「静か」が快適と感じられるのは大人でしょう。また、大人はしゃべらなくても互いに今快適な時間を共有しているという気持ちをもてる。一緒にいたいがしゃべるのが面倒な時もある。外国映画でカップル二人がバーカウンターで飲んでいて何もしゃべらないが、時々目を合わせてキスする場面があり、「大人だのう」と思ったことでした（してみたい）。

何もしゃべる必要がなく、酒に専念していられるのはまことにありがたい。では家ならそれができるかと言うと、ひとり暮らしならともかく、妻がいれば少しは何かしゃべらないと機嫌が悪いみたいだし、そのテレビ消してくれとも言いにくい。だから外にひとりで飲みに行く。しゃべりたくないから居酒屋に入るのです。

そういう男たちが互いに互いを知らず、ひとりを愛するひそかな連帯感に包まれ、ぽつんぽつんと居るのがいい。黙っていても心は一つ。そのうちに勤め帰りの二人組も現れ始めて混んできたが騒々しくはならない。

*

「金田」は、外国航路でコックをしていた初代金田さんが船を降りて、昭和十一年に自由が丘に開店。酒の燗具合や安い肴の味にこだわり、一方「酒は自分のペースで飲む」を信条として客の泥酔《でいすい》や口論を嫌い、いつしか「金田酒学校」と呼ばれるようになりました。その雰囲気が、まだサラリーマンで東横沿線の社宅に住んでいた山口瞳や、伊丹一三《いたみいちぞう》（のち十三《じゅうぞう》）、梶山季之《かじやまとしゆき》、吉行淳之介《よしゆきじゅんのすけ》らに好まれて常連となり、開店三十周年以来、五十年、七十年と節目のたびに別会場を使った盛大な感謝の会が開かれています。

店の一角にある「祝七十周年 金田酒学校生徒一同」は麗々《れいれい》しい感謝状ではなく小さなプレートなのが山の手の奥ゆかしさ。全日空関係者の常連たちは「金田酒学校全日空分校」をつくり、私も出席した七十周年の会では「生徒会長」が「もう歳ですがまだ卒業しません、今年も留年です」と挨拶しました。その会が奥様連れであるところがまた紳士的。奥様連（女子部？）は皆様、社交的なすてきな女性ばかりでした。

ここはまた夫婦客が多いのが特徴ですが、互いに知り合いの夫婦でも立ち上がって挨拶したり一緒に飲んだりせず、目礼程度なのがまた山の手らしい。カウンターに三人連れ以上を座らせないのは、どうしても声が大きくなり、そこが目立ってしまうからです。ですから知り合いと会っても席は移らない。しかし常連は決まった席があるようで、先客が帰ってそこが空けば移動していく。「基本はひとり客」です。

女性は入りにくいのではと思うかもしれませんが、丸の内あたりの一流会社にお勤めとおぼしき落ち着いた若い女性同士（上品で地味な服装がそう思わせる）の二人連れはよく見かけます。お勤め帰りに遊びになんか行かない、家の近所でちょっと気分転換して早めに帰る。基本的に小声で（行儀のよい人は小声）、静かに徳利を傾けているのが自然に絵になる。たまに顔見知りらしき紳士にちょっと目礼している。ここで父親と二人で飲めばまさに小津安二郎《おづやすじろう》の世界です。

居心地だけではありません。金田の魅力はすばらしき肴、料理。正面にずらりと並ぶ札だけでも七十種くらいありそうですが、カウンターに置いた毎日の品書きが読みごたえがある。〈お造り、煮物、焼物、揚げ物、蒸し物、鍋物、酢の物、串焼、その他一品料理〉に分かれて値段明記。酒を飲む時これほど眺めがいのあるものはない。本日は夏とはいえ雨でちょっと肌寒く、白鷹《はくたか》のぬる燗をやりながら、お、〈煮はまぐり〉がある。すっきりした江戸前の煮方の大ぶり六個。これで七百円は安い。

てなわけで、以下〈冷しなす〉煮すぎないなすに酢と軽いごま油をさっぱりときかせた中華風、白髪葱《しらがねぎ》がアクセントで五百円。〈麦イカ釜あげ〉時季の柔らかいイカをさっと茹でて生姜醤油、五百五十円。そして待望の〈とうがん汁〉冬瓜《とうがん》を柔らかく煮て豚バラ肉、三つ葉と合わせ吉野葛で薄くとじたお椀でファン多し、五百円。を堪能しました。

入ってきた二人連れ、金髪まじりオールバックにアロハシャツ、半ズボン、胸に金チェーンの西田敏行タイプの太めと、鋭く怖い顔のヤクザ役が多い寺島進に似るやせ型は、紳士の多いこの店にやや不似合いです。普通の居酒屋と思って〈普通の居酒屋ですが〉なにげなく入ったようですが、見ていると〈イワシ生姜煮〉や〈桜えびかきあげ〉〈ウニ煮こごり〉などをどんどん食べるうち、「うまい」「これうまい」としきりにうなずき、主人に〈麦イカ釜あげ〉を「今が時季なんですよ」と説明され感心している。そのうち「オヤジさん、この店いいよ、いい」と誉め始め、お勘定を「ぴったし愛想《あいそ》なしでワルいね」とお釣りなしで渡し「気に入った、また来る」と、もう一度店を見回して揚々《ようよう》と帰ってゆきました。

なるほどなあ。主人はヤクザ風にも少しも騒がず「いらっしゃいませ」と変わらず応対し、場違い風の男も自然にこの店の空気に慣れて素直に感心してゆく。店の空気の力とはたいしたものだと思いました。きっと二人はいい常連になるでしょう。

＊

どうですか、これが大人の店です。店はマナーを期待し、客はそれを心得、大人の静けさを守る。しかし堅苦しいのではなく、その空気を愛する客の静かに満ち足りた充実感が支配する。隣にだけ聞こえればよい静かな談笑があちこちにあって、主人も手が空くと常連さんと何か話しています。ぼくにも話しかけてきました。

「銀座でハイボールを飲んだがおいしいものですね」

「え、どこで?」

あまり飲めないのに二杯飲んで酔っぱらったと笑いました。

五百円、六百円の料理がじつにおいしく、そこがまた奥様連や女性に信頼厚いところで、ここで味を覚えたお嬢さんはきっと未来のご主人を喜ばせるでしょう。大人は実力を知りこそすれ、自分の一杯に見栄や無駄なお金は使わないものです。

厨房に立つ三代目は京都の料亭で長く修業し、そこで気が合ったひとりを相棒に連れて帰ってきた料理人で、絶品〈ゴマ豆腐〉は必食です。

居酒屋といえども格と品がある。銀座の一流店とはまた違う品。大人が通うのはこういう店です。女性もまた同じ。好きな彼ができて、大人であることを期待する時、この店でのデートはきっと良い効果があるでしょう。

夏、遅い夕闇の駅前は待ち合わせらしい男女がいっぱい。皆どことなく品がよいのはやはり自由が丘。ぼくもこの町が大好きで、ここに住んで毎日「金田」に通うのが理想の老後です（もう老後ですけど）。そこで品のよい大人のお嬢さんを見ながら一杯やりたいな。

平成二十三年秋、二代目ご主人は急逝《きゅうせい》されましたが、奥さんと三代目が続ける店の伝統の雰囲気は全く変わっていません。

9

しじみ椀とひと夏の恋

——大塚「こなから」

暑かった夏も峠を越えて、ほっとひと息。食欲回復においしいもので一杯やりますか。と言っても騒々しい居酒屋はいや、かしこまったカウンター割烹も気が張る。マイペースにおいしい料理とお酒を楽しみたい。しかもあまり値段高くなく。

誰もが望むことですがこれが案外難しい。最近の人は注文ができないのを見越してか、また仕事が楽なのか、和食料理屋はコースばかりを揃えますが、面白くないですね。皿数と見映えの割にこれといったものがない。飲むペースを考えず次々にちょこまかと皿が出てきて置き場がなくなる。逆にお膳が空なのに次がこない。男はだいたい最後の抹茶アイスクリームには手をつけず空《むな》しく溶けてゆく。あてがいぶちの給食じゃないんだから、コース料理ハンターイ！

品書きを見てメインを決め、最初はこれ、次にこれ、最後に食事までゆけたらこれと決め、おもむろにビールを注文しておしぼりで手を拭く。大人はこうでなくちゃ。

それでは「こなから」に行こう。場所は大塚です。

＊

大塚はかつて三業地（花街）として栄え、複雑な道筋は昔のままです。今は特徴のない町になりましたが、南口には東京居酒屋御三家の一つ「江戸一」が存在感を放ち、常連を集めています。ついでに書けば、御三家のあと二つは根岸「鍵屋」と湯島「シンスケ」。いずれも女性へのハードルは高く、鍵屋は女性だけの入店はお断り。いずれご案内しましょうか。

北口の「こなから」はビル一階のさりげない普通の居酒屋。六時少し前になると外に客が来て開店を待ちます。今日は白ワイシャツの会社員風二人と三十代くらいのカップル一組。ぼくは隣のインドカレー屋の本場カレー四十種のうまそうな写真をつらつら眺めて待ち、六時に暖簾が出ると全員ぞろぞろと中へ入りました。

L字カウンターと机二つの小さな店。カウンターの中には頭に手拭い巻き、腕っ節の太い若い料理人、フロアには目のきりりとしたオーナーの美人女性。どちらも黒Tシャツですがご夫婦ではありません、念のため。女性は、おかみと言うにはTシャツだし、ママと言うにはべたべたしたお愛想はないし、女主人と言うには貫禄《かんろく》はないし、呼び方に困りますが、あまり水商売然としない、皆さんがおいしく飲んできれいに食べてくれればそれでいいのというお姉さんの感じで、日本酒にはとても詳しいです。

ひとりのぼくはカウンター席に座るやいなや「生ビール！」。とりあえず、ではありません。専門のビアホールは別として、都内の居酒屋で最もうまい生ビールを出す一軒がここ。昔、新開店したばかりに来てとりあえずビールと頼んだその味に驚き、ここはいい店だと見渡したのでした。

ングングング……。

うまいなー。これだけクリーミーな泡を作れる所はなかなかない。グラスは大ぶりのですか？」と聞いている（亀戸《かめいど》「松徳硝子《しょうとくガラス》」製だそうです）。この極薄のグラスはどこのもの薄玻璃《うすはり》グラス。私の後ろの会社員二人も感心し、「この極薄のグラスはどこのもの

「お通しです」

手拭い巻きの彼がカウンター越しに渡すのは〈しじみのお椀〉。これは嬉しいが困った。冷たいビールと熱いお椀じゃケンカする。ここはお椀優先と箸をとると、少し白濁《はくだく》したすまし汁にぎっしりのしじみは小粒ながら味は濃く、そのうまいこと！

「茨城の涸沼《ひぬま》です」

おおそうか。しじみ、これはいいものを忘れていた。無我夢中で一粒一滴残さずすすり込み、満足して空の椀を置きました。

それでぼくは後《おく》れをとった。開店を待っていた二組（会社員二人には女性一人がすぐ合流して計三人に）に続き、中高年夫婦と若めのカップルも来店。計九人がいっせいに注文を始め、皆さんこの店に来慣れているらしく「ナントカとカントカ、その後ナントカ」と詳細だ。あわてて木の板を綴《と》じた品書きをひろげました。

〈お造り〉の〈出水《いずみ》／釣りアジ・北海道／バフンウニ・常磐《じょうばん》／すずき・豊後《ぶんご》水道／い

さき・勝浦／かつを〉、そのほか〈特大岩がき・蛸《たこ》ぶつ塩すだち・アサリとレタスの汁もの・新さんま・日高ＧＰ（ゴールデンポーク）塩焼〉などうまそうな品に〈酔鶏〉という鶏肉の蒸し物は注文が多い。品書きはすべて産地が明記され〈三方原《みかたはら》／ポテトサラダ〉はじゃがいもの産地か。

〈珍味〉の〈佐渡／ごろいか・若狭《わかさ》／鯖へしこ・千倉《ちくら》／くじらのタレ〉に並ぶ、〈小田原／まぐろ酒盗クリーム添え〉こそは当店が始めて数々の店が真似た大ヒット。なぜ産地が小田原かと言うと、使う〈まぐろ酒盗〉が明治二十七年創業の小田原の老舗「しいの食品」製だから。教わったぼくは小田原で買い求め、自分の家でクリームチーズにのせてます。酒盗は冷凍して年月が経てば経つほどうまくなり、賞味期限をとうに超えた九年ものはぼくの宝です。すぐ出そうな〈十三湖《じゅうさんこ》／べっ甲しじみ醤油漬〉と、お造り〈豊後水道／いさき〉を注文しました。しじみの勢いが止まりません。

＊

平成八年に開店した「こなから」は、斬新《ざんしん》な料理と日本酒でたちまち評判を呼び、その後の居酒屋のほとんどはこの店を範《はん》としていると言ってもよいでしょう。「こなから」は「小半」。意味は二合半、酒はこのくらいがちょうどよいと昔から言われている言葉です。従来の塩辛、丸干しの赤提灯居酒屋メニューとも、見てくれ本位の料亭懐石料理とも一線を画《かく》し、食材は産地にこだわり、フランス料理もイタリア料理も食べ慣れた女性たちに、こういう和食が欲しかったと大歓迎されました。

その基本は出汁。料理の彼は毎朝いちばんにひく出汁が最も大切と言い、時には自分で驚くほど良い出汁になり、「今日の客はトクだなあ」と思うそうです。品書きは季節で変わり、冬場の〈牡蠣と水菜のおひたし〉や〈鯛かぶとの酒蒸し〉〈小柱の卵とじ〉は連れの女性を感泣《かんきゅう》させました。

そして日本酒はそれまでの重く甘い酒ではなく、酸のきいたフレッシュな生酒タイプを揃え、最初に置いたのが福井の「早瀬浦《はやせうら》」。新開店したばかりの時にここに来たぼくはこれを誉め、喜んだお姉さんは蔵元に伝え、その後ぼくが福井の蔵を訪ねると「はじめて仕込んだ早瀬浦を、はじめて誉めてくれたのは太田さんです」と感謝され、恐縮しました。

揃えは常時十五種くらい。ここに来るといつも知らない酒に注目し、瀧自慢《たきじまん》、土佐しらぎく、東洋美人などずいぶん教わったものです。さて今日は。

「『宮城／ひと夏の恋』をください」

「ぷっ」彼が吹き出し、お姉さんも口を押さえて笑っている。書いてあるもの注文しただけだぞ。保冷庫で冷えた一升瓶を持ってきて目の前で注ぐのがお約束。運んできたがまだ笑っていて「ひひ、ひと夏の恋です」とうまく言えない。「ぼくには似合わないってこと?」「い、いえそんなんじゃ」。やりとりが聞こえたか客がこちらに注目する。細長いモダンなラベルは赤く光る箔押しの大小のハートが寄り添っていて気恥ずかしい。お姉さんは気を取り直し「『宮城／愛宕《あたご》の松』の夏限定酒、ひとめぼれ百パーセント使用の純米吟醸です」と説明しました。

ツイー……。

店中が何か言ってほしい雰囲気。

「……はかない感じだなー」

ぶはははは、彼が大笑いする。そんなに笑うことないダロ！　フレッシュな甘味が後口に残らずキレがいいと言ったつもりだが。

「それ、私もいただける？」

カウンター奥に座るアラフォー風の髪の長い美人（さっきから気になっていました）が笑って声をかけ、ひと口ふくみ「おいしい、確かにはかないわ」とご感想をいただいて目が合い、その目は「ひと夏の恋って、こういうものね」と言っているようでした。……いい人だ。

さて、続けるぞ。〈瀬戸内／とこぶし煮〉柚子《ゆず》の香りでこってり、〈宮崎／新牛蒡《ごぼう》唐揚〉若い牛蒡の香ばしさ、〈愛知／青唐辛子だし巻〉ヒリリとした辛味と出汁巻の甘味の妙、〈富山／白えびの酒盗和え〉ねっとりした富山湾の宝石。頼んだ品はどれもおいしく幸せです。

「ひと夏の恋、おかわりしますか？」

「いや、何度も経験するものでもないし」

ぶはははは、また彼が笑う。うるさいぞ。純米吟醸「長崎／六十餘洲《よしゅう》」の濃厚な味を「長崎もいい酒をつくるようになった、坂本龍馬のようだ」と評し、「福井／早瀬浦青ラベル」を「最近はどう？」「味が落ち着いてきました」と盃を重ねます。

ここはカップルに加え、中年、熟年まで夫婦率が大変高く、皆さん日本酒がお好きで料理を楽しんでいる。未婚同士らしいカップルは何か語り合い、六十代後半くらいのご夫婦はあまり会話はしないが、お酒を飲み較べた年配奥様が「私はこっちがいい」とつぶやくのが幸福そうでした。

大塚は決しておしゃれでもトレンドでもない所ゆえに、周りを気にすることなく、おいしいお酒と料理を楽しみましょう、他に何もいらないじゃない。

そういう幸福感が店に満ちていました。

※「こなから」は閉店し、平成二十八年やはり大塚に「大塚まるま」として開店。「こなから」の名板前は根津に自分の店「たけもと」を持ちました。こちらにもどうぞ。

10

焼鳥とやかん酒

——銀座「銀座 鳥繁」

彼、たまにはお酒でも飲みに連れてってくれないかなー。有名店や高級店でなくていい。気さくにお酒飲んで、何か食べて、お話しして、それで終わりでいいんだけど。草食系男子は誘ってくれないんだなー。

そうおっしゃいますが男はタイヘンなんです。まず店選び。最近の女性はじつにいろんなものを食べ歩き、店もよく知っている。パッとしない所に連れて行ってバカにされないかという強迫観念がまずある。グルメガイドやネットに情報は山ほどありますが、知らない店に彼女を連れて行けないから、雰囲気、料理などを知るために一度入っておくことが必要だ。

男の我々は食べ歩きの暇などはなく、夜は上司や同僚とのつきあいがある。「自分の仕事に自信があれば、そんなつきあいはしなくてもよいでしょ」などと言うのは世の中を知らない人で、スムーズに仕事をするためには会社や仲間が何を考えているか、本音は何かを知らなければならない。その時は安酒場。女性が好むしゃれた店なんてゼッタイ行かない。だからそういう店は知りません。

それとお金。男子たるものもちろん二人分払わねばならず、少ない給料では実際痛い。何かの宣伝で「彼女がフカヒレ注文した」というのがあっていやだったなあ。高いもの注文されてもダメとは言えないし、全部安い店だと恥ずかしいし。

自分は何も考えず連れて行ってもらい、好きなもの注文して、「ごちそうさま」ですむならいいよなあ。全部こっちにセットさせ、しかも満足してくれたかなあと気を遣う。ああ、めんどくさい。女性を誘うのなんかやめたやめた。草食系でけっこう、男同士で気楽なほうがいいや。

――いかがですか、男の本音。女性のあなたはどう思いますか。「半分私が払います」ああそうですか。でも男はプライドがあるから受け取らないでしょう。もっと言えば「半分払います」がやはり女性の限界で、「全部払います」とは言わない。「なんで人の分まで払うの」なのでしょう。

「でも受け取らないんでしょ」そうです。だから何か気遣いがほしい。こういう時に育ちとか人間性が出る。「でもその人あんまり好きじゃないの」だったら行くな、それは失礼だ。

しかしこれも過去の話か。男が支払いして女性に偉ぶってみせるという女性観は、ここ数年厳しく非難され、男女ジェンダー論が盛んになってきたのは大歓迎です。女性蔑視《べっし》発言で失脚した人も大勢いますが、すべて当然でしょう。訳知らずのオヤジよ去れ！

女性社員が多数を占める化粧品会社に長く勤めた私は、女性の優秀さをつくづく知りました。それは、優しさ、気遣いという「女性的」レベルではなく、仕事の行動力、正しいと思うことの主張力、引き受けた業務の責任感というレベルで、それらがすべて清潔明瞭《めいりょう》であることが、凛《りん》とした姿勢になっていました。尊敬できました。はっきり言って「男より優秀」とわが身を反省したのです。私は社会や国家は女性中心のほうがよいと思っています。子供を産む女性が戦争などするでしょうか。

＊

話が横に逸《そ》れました。男女で居酒屋に出かける話でしたね。

いかがです、お誘いを待っているのではなくあなたが誘ったら。「どこか連れてって」ではなく「今度○○行かない？」と。男女同権対等ですぞ。

これは男は嬉しい。店選びや予約をしなくてついて行くだけでいい。なによりも「彼女は喜んでくれるだろうか」という心配をしなくてよいのがありがたい。でも心配は「高い店じゃないだろうな」。もちろん二次会はこちらが考えるべきだろうし、さてどこだと、嬉しいがやや警戒もする。

誘うあなたはここぞと話題の三つ星店や、しゃれた店にしてはいけない。そういう知識やセンスは男を疲れさせるだけです。逆に「へえ、あそこ知ってるの！」などと食べ物やレストランにやたら詳しい男なんてロクな者ではない。男は黙って仕事する、何を食べてもうまいうまいと言ってるくらいが本物です。こう誘うのがいいでしょう。「銀座の焼鳥屋さん」。これはいいですよ。焼鳥と聞けば男は「こりゃいい、めんどくさい注文しなくてすむ。値段も見当がつく」と安心する。

そして「銀座」。場所はとても大切で、同じ焼鳥でも池袋、渋谷、五反田ではイメージが違う。銀座は行くだけでゴージャスな雰囲気が出ますからお得です。

＊

銀座六丁目すずらん通り、「バーニーズ」のある交詢《こうじゅん》ビルのあたりは華やかな銀座のまん真ん中。ここの焼鳥店「鳥繁」は今度改装になりました。今日は新装開店四日目。玄関周りにはまだ祝い花が置かれています。

「きれいになりましたね」

「ありがとうございます」

大仕事をすませたご主人の顔がほっとしています。三階までありますがぼくは一階カウンター。メニューは明快で、「銀座」と構えた気持ちを楽にさせます。焼鳥は好きなものを一本ずつでも、コースでもいろいろ。コースは本数によりますが、五千円か六千円でじゅうぶん。最後に名物ドライカレーをつけましょう。あとはお酒代だけ。注文が決まって、さあ焼鳥にはまず生ビール。

ごくごくごく、プハー。

この生ビールがとてもおいしい。生ビールはサーバーの洗浄など店により大いに味が違います。新築早々もあって「どうなった？」とのぞきに来る銀座の旦那衆、老夫婦が絶えません。焼鳥屋といえどもご婦人はきちんと髪を整え、品のよい首飾りで少し服装を改めているのがさすが銀座の真ん中ですね。

「鳥繁」は昭和六年、歌舞伎座裏の、当時交詢社の燃料置場に夫婦で屋台を出したのが始まりです。すぐに歌舞伎役者や映画関係者に愛され、十四年には屋台から固定店になり、戦後、二代目が銀座のここに構えました。ひいき筋は銀座の旦那衆、銀座好き紳士をはじめ、三船敏郎《みふねとしろう》、三橋達也《みはしたつや》、森繁久彌《もりしげひさや》、山田五十鈴《やまだいすず》などの映画スターも。

高級料亭に慣れた方も焼鳥の気楽さ、炭火の串をひっくり返すねじり鉢巻《はちまき》の親父と話しながら一杯やる気さくな雰囲気を好んだのでしょう。

ここが大切なんです。気さくといえども銀座、銀座といえども気さく。客も店も品があり妙な客は入れない。彼を誘うのはこういう代表的な老舗がいい。

「焼鳥ならもっとおいしい所がある」などと言わない。女子が「あそこがうまい、穴場はあそこ」とグルメをひけらかすと男は敬遠します。むしろ老舗を知っていることがその人の育ちを感じさせる。

ぼくの座るカウンター角はすぐ前が燗付け場で、名物の純銀やかんのお燗を目の前で楽しめます（そのお燗番が今どきの軟弱イケメンと違う正調日本の好男子。この前に彼を座らせるとワルイかも）。

――今や女も男も変わりない時代。誘いを待っているだけではダメです。ごちそうしてもらおうなどとさもしい気持ちはもたず、どんどん誘い、どんどんおごりなさい。おいしくて品があり、しかも気楽な店に連れてってくれ、お金も払ってくれた。男はこれでイチコロです。

11

地魚炭火焼と喜久酔お燗

——麻布十番「たき下」

女性としてはやっぱり、居酒屋でもおしゃれな町がいいなー。了解です。それなら麻布十番「たき下《した》」がいい。

南北線と大江戸線が複雑に交差する地下鉄麻布十番駅は、いくつもある出口を間違えるととんでもない所に出てしまいます。「出口4番」これをしっかり憶《おぼ》えてエスカレーターを三つ上がると、すぐ目の前がしゃれた紅茶カフェ「ザ・ダージリン」（現在閉店）。V字に入る小路は右が十番商店街のメイン通り。左小路の、十番在住外国人でいつもぎっしりの立ち飲み「Bistro十番スタンド」の先すぐが、上品な和の構えの「たき下」です。

L字の小カウンターに机二つ、板張り小上がり。網代の舟底天井、要所に花を活けた室内はほどよい広さ、というより狭さの一体感がくつろいだ雰囲気。

はじめてでしたらおすすめは料理六品コース。今日は〈しめ鯖・松茸どびん蒸し・小名浜《おなはま》の地魚三点盛お造り・栗の飯蒸し・地魚炭火焼・冬瓜の干し貝柱煮〉。これに〈ご飯・デザート〉がついて五千円ちょいはお値打ち。「ご飯はお茶漬に変えられます」がまた嬉しい。お茶漬は〈まご茶（まぐろづけ）・あさり茶・ちりめん山椒茶・へしこ茶・汐《しお》しゃけ茶〉と五種もあります。コースのお椀は秋の今はどびん蒸しですが、夏はすっぽん小鍋と豪華。私はいろんな人をコースで接待しましたが皆さん大喜びでした。

「たき下」のご主人は京都の名店「たん熊」で修業し、いくつかの店長を経てここに自分の店を開店。その腕は、酒飲みの私が感じるには、京料理の薄味上品な美学、凝らした技巧と言うよりは、素材のめりはりを力強く生かした潔《いさぎよ》い料理で、それゆえ酒が進みます（京都の割烹は酒飲みに冷淡で、酒を追加すると「よう飲まはりますな」という顔をする。だからぼくは京都のカウンター割烹は嫌い）。

神奈川出身で釣り好きの主人は、魚は築地市場を通さず、毎朝、福島・小名浜港、静岡・小川《こがわ》港から直送をとり、それゆえ前夜の漁次第で魚は何が入っているかわからないがそれがまた面白いとか。新鮮なものを安くの徹底ですね。

さあ注文だ。女性をお誘いした今日はコースではなく、カウンターで相談し合って決められるアラカルトでいきましょう。本日のお造りは〈しめ鯖・まこかれい・戻りカツオ・イカ〉。当店の真骨頂《しんこっちょう》は備長炭火焼きの魚で、本日は〈秋鯖・秋刀魚《さんま》・黒むつ柚庵《ゆうあん》焼・かれいのひと汐・のどぐろ汐干し・穴子天日干し〉。

うーむ、これは悩む。まああわてずビールを一杯。出てきたお通しは小さなしめ鯖三切れに、隠しに山葵をきかせて大根おろしを添えた小鉢。これがさすが秋鯖。お造りはしめ鯖にしようかと思っていたので得したような、もっと食べたいような。彼女も「悩むところね」と同意見。結局お造りは〈まこかれい〉に。そのガラス皿に盛った白い半透明の美しいこと。厚切りなのに半透明で、薬味のはじかみ・山葵も二人用に二盛りしてあるのがニクイ。お造りもう一種のつもりで頼んだ〈なめろう〉は、肉厚ピンクの鰺を味噌、葱、茗荷でトントンとたたいたひと盛り。鰺以外に何か弾力を感じる噛み心地がある。

「イカやタコの切れ端を入れまして」

すぐ前に立つ、白衣に一厘《いちりん》刈り頭の主人は適当にこちらと距離をとりながら、仲のよさそうな〈えへへ〉男女二人に「皿で」気を回してくれているようです。なにげなく頼んでおいた〈ギンナン〉は、皿の半紙に黄と緑の二色の銀杏と茶色のムカゴを散らし、蓮根素揚げ、なめろうに使った鯵の腹皮と骨の揚げ煎餅《せんべい》を添えた、豪華な秋の吹き寄せで、彼女が「まあきれい」と胸前で手をたたく。

*

いいですね、気の合う二人でお酒と料理。カウンターに並んで座り、主人から直接皿を手渡される気軽さ。何かとキビシイ毎日にこういう時もなくては。

今日は地下鉄出口4番で待ち合わせ、少し時間があるので十番を歩いてみました。

静かな住宅と大使館の町・麻布十番は、昔は交通の便がないことから陸の孤島とも言われましたが、地下鉄二線の開通、六本木ヒルズの開業から一気に人の来る町になりました。それでも夕方にはお上りさんは帰り、地元の住人と遊び人の町にかえります。ぼくはここの小さなマンションに二十年ほど住み、引っ越した今も「たき下」の昼の焼魚定食を食べによく来ます。

この町に目立つのは犬を連れたコマダム風女性ですね。犬は決まって小さなお座敷犬を二匹ほどちょこちょこと連れ歩き、犬同士のすれ違いも多い。犬の美容室もあり大きなガラスから犬にブラッシングしている光景が見えます。それでも代官山のようなファッションの町ではない生活感があるのが十番の良いところ。商店街のオバタ薬局、金物の川口商店、靴のケーワイイ堂、ミクラヤ、カバン袋物のアサミ、生活用品の中村屋、布団家具の静屋家具センター、ヤキトンあべちゃん、登龍のニラそば、マッサージ五禽堂《ごきんどう》、なくなった麻布十番温泉などはずいぶんお世話になった。逆にブティックやファッションブランド店などは一軒もないのがいい。

しかし飲食店は増えました。トラットリア、ワインバー、フレンチ小料理、街角のオープンカフェ、モダンで活気ある居酒屋、小皿中華。老舗鮮魚店だった「魚可津《うおかつ》」

は隣で居酒屋を始め、今は店全部がそうなりました。どこも共通するのはセンスよい店づくりと値段の安さ。迷路のような並木の舗道はヨーロッパ小都市の町のような楽しさがあります。

夏の麻布十番納涼まつりは東京でいちばん人気のある祭でしょう。その数日、地下鉄はホームから地上に出るまで十分もかかる行列大渋滞。地下鉄六本木駅からは浴衣に団扇の女性がぞろぞろぞろぞろ。昔は大型ディスコ行き帰りのボディコン女性がぞろぞろしてましたが。

名物は各国大使館の出す屋台村で、これは楽しいですね。スリランカのカレーやブラジルのシュラスコ、ドイツのソーセージとビールなどはいつも大行列。各国民族衣裳の大使館員が汗だくで「ラシャイマセー」と呼び込みます。小さな広場「パティオ十番」には、もはや恒例のサンバガールが大挙《たいきょ》登場し、強烈なリズムとセクシーな衣裳で踊りまくり興奮します。

さてメインの地魚炭火焼は〈かれいのひと汐〉と〈のどぐろ汐干し〉に決定。居酒屋で人といる時は焼魚は案外注文しにくいものですが、親しい仲同士の今日は山盛り大根おろしおかわり自由（これがすばらしい）をフルに活用し、それぞれ半身ずつ食べ、黙って皿交換。彼女は魚の食べ方が上手だな。

「ああ、おいしかったわー」

彼女の心からの声に主人がにっこりしたのが見えます。

この日飲んだ静岡名酒「喜久酔《きくよい》」は二人でお銚子十本！　飲みすぎてもいい間柄っていいですね。やっぱり、好きな町で、好きな人と、気楽にお酒を飲むほどいいことはないなー。

「バー行く？」

「行くわ」

こうしてふけてゆく麻布十番の夜でした。

12

氷魚の雪見和えと墨廼江お燗

――荻窪「有いち」

女性もひとりで飲め、行きつけの居酒屋を持て、たまには男子を誘え、気が合えば何も考えず飲もう。いろいろと「女性のための酒飲みのすすめ」を説いてきましたが、はい、勝負居酒屋ですか。

勝負ってなんだ？　愛の告白？　プロポーズ？

そんなこと他人のいる場所でするものではありません。ドラマなんかで、高級レストランに誘い、然るべきタイミングで指輪なんか出し、「ぼ、ぼくは……」なんてやってるけど、嘘でしょう。

恋愛とか結婚はそういうものではない。大切な告白は、他人のいない場所で相手の顔を見てきちんと言うものです。その時、料理やお酒はいらない。真剣味が薄れるだけで、第一味なんかわからない。言うことは言い、その場で返事をもらおうと思わず、相手の気持ちの定まる後日を待つ。ぼくはそう思うんだけど。

しかしそれもわざとらしいな。気軽につきあっているうちに互いの人柄も育ちもわかり、オレたちやっぱり結婚向きだな、このへんで手を打とうや、となる「自然に」が余計な期待がなくていい。女性へのアドバイスはただ一つ。気分屋で情動の定まらない男はダメ。誰に頼らなくても生きてゆける力強い生活力のある男。夫婦になれば死ぬまで夫婦ですよ。

熟する機、というものはある。互いにそんな気持ちがわいてきた頃食事に誘う。男はグズだから女性から誘うのはよいことと思う。その時は言葉に出しては言わず、普通に食事して帰る。言わないが自分の気持ちは伝わるようにしたい。あとになって「あの時、決めたよ」と言われるような。

＊

中央線荻窪駅北口バスロータリーの右の一帯は酒好きには知られた飲み屋横丁です。その表角に落ち着いた構えの「有いち」があります。中央線沿線は個性的な居酒屋が多いのですが、きちんとした日本料理でゆっくり飲める大人の店は案外なく、開店そろそろ五年になるここはそういう店を待っていた人たちに信用厚くなりました。主人は人形町の有名高級酒亭「きく家」で修業し、実家のある荻窪で自分の店を持ちました。

落ち着いた京壁《きょうかべ》、割竹腰板の店内は行灯の光が柔らかく、壁の花挿しは今日は白いフリージア。腰掛けには趣味のよい鮫小紋《さめこもん》座布団が敷かれ、立礼《りゅうれい》茶室の雰囲気です。カウンターと机二つ。まだ若い主人ともうひとりが料理、白衣の料理見習いお嬢さんはお運び、年配の婦人が手伝う、京都の小体《こてい》なカウンター割烹と思えばよいでしょう。

季節重視の割烹料理、本日の品書きは〈天然魚造り〉〈炭火焼〉〈煮物〉いろいろに、

〈肴〉が〈フグ白子豆腐・あん肝・香住香箱《かすみこうばこ》ガニ・羅臼《らうす》子持ち昆布・活イカ肝和え・赤貝と柚子白菜と浅葱のぬた・京都掘りたて牛蒡山椒焼〉など、楽しみの多いところがやはり居酒屋の良さ。最後の〈食事〉も、〈手打ちそば・出汁かけご飯・あんかけご飯・鯖へしこ茶漬〉と充実。じっくり眺めておよそを決めました。日本酒は鷹勇《たかいさみ》・〆張鶴・大七・神亀《しんかめ》とお燗向きが揃っています。

「品書きに書いてないお酒もございます」

「何？」

「はい、墨廼江《すみのえ》があります」

「新酒？」

「そうです」

「新酒を搾《しぼ》れたんだ……」

宮城石巻の墨廼江酒造は東日本大震災で壊滅的被害を受けましたが、復活への奮闘を聞いていました。秋、震災後初の仕込みの酒はとてもおだやかで平明《へいめい》です。

「これはいい酒だ、心が落ち着く」

墨廼江は東北らしい力強さのある酒だが、この震災後初しぼりは優しくなったようだ。そんなことを言うと「そうです、そう思います」と、主人は、自分の感想と一致したようで嬉しそうです。

「お通し、しじみ豆腐です」

お椀は半透明の中に豆腐が一つ。しじみ出汁を葛でとじたおつゆが温かく食欲がわいてきました。注文の〈造り盛り〉は〈津軽活寒鮃《かんびらめ》・能登七尾鰤《ななおぶり》・江戸前墨いか〉の三種。手前の豆皿三つは、藍染めの扇形には醤油、焦茶のひさご形には鮃の肝醤油、柿色の角形にはぽん酢。赤い小蕪《かぶ》をとても薄く切った丸い紅の縁どりのケンが盛り合わせ藍皿に映え、日本料理の美学はやはり心落ち着きますね。

こういう良さに気づき始めたのはいつ頃からか。大人になったのかもしれない。すすめられた、琵琶湖の鮎の稚魚を辛味大根で和えた〈氷魚《ひうお》の雪見和え〉はかすかな春の兆《きざ》しだ。徳利は秘蔵の柿右衛門《かきえもん》に変わり、これは心して扱わないといけない。

＊

「いらっしゃいませ」

入ってきてカウンター手前端に座ったスーツの女性は、いつもこの席にお座りで見覚えがある。主人になにごとか声をかけて座り、おもむろにひろげた書類を肴に盃を。大人だなあ。

後ろの四人掛け机は落ち着いた紳士ひとりと女性三人が楽しそう。あと一つの小席はやや年配の夫婦。皆さんここに来慣れているようです。

カウンター奥にはじめてらしいきちんとしたスーツの男性と、落ち着いた支度の女性が座りました。予約していたのでしょう。どちらもお勤め帰りの社会人。いきなりいろいろ話すほど親しそうでもなく互いに黙って品書きを眺め、なかなか決まらないのは相手を思いやっているからか。

「氷魚という鮎の稚魚の和え物もあります」

主人のアドバイスに「あら、それいいわ」と女性がのる。「ぼくは刺身盛り合わせだ、あとビール、君は?」「私も」。

注文のひと仕事を終え、ビールグラスを軽く合わせ、男は片手、女は左手を添えてキュー。

「ふう、うまい」

やっぱりお酒っていいですね。どちらが誘ったのかわかりませんが、荻窪にしたのはいいな。派手な場所を避けた沿線駅。高級レストランではない居酒屋は堅実な生活意識を感じる。といって騒がしい大衆酒場ではなく二人だけの話ができる。相席の客筋も落ち着いている。

すすめられたお燗酒になり、男性は店の主人と話をする余裕も出てきた。主人と話ができるのは男性に必要なことで、女性の目が頼もしそうです。女性は自分の頼んだ〈芝海老の卵焼〉を男性にすすめ「お、これはうまい」と喜ばれている。一緒の箸でつつくのは家庭と同じ。すべて銘々《めいめい》でしずしず出てくる割烹料理ではこうはいかない。同じものをつつき合うことで互いを許す。互いに酒に酔い、弱点を見せてしまう。

自分の弱さを見せない限り他人は心を開きません。弱さを認めてくれる人こそ自分を守ってくれる人です。居酒屋でそれができる。居酒屋はそういう場所だ。この二人も幸せになるといいいな。

さて、お節介《せっかい》はやめて、こちらも注文だ。

「江戸前小鰭《こはだ》のばってら寿司」

「はい、かしこまりました」

後編

1

燗酒とナマコ
——湯島「シンスケ」

最近の若い男は酒を飲まなくなったという。

懐《ふところ》が寂しい、他にカネのかかることがある。経済的な問題もあるが、理由の一つに酒に酔った自分を他人にさらしたくない気持ちがあるのではないか。理性を失った姿を知り合いに見られたくない。人間関係も同じで、相手にぶつかってゆく気概《きがい》がない。いわゆる草食系だ。

しかしもちろん、携帯メールでしかコミュニケーションできない、酒は家でひとりで飲んでる方が楽、という姿勢では社会生活も恋愛も無理だ。勤め先では使えない奴になり、結婚できぬまま親のお荷物になってゆく。

会社に二十年勤め、独立して人も使い、大学でも教えた私は、積極性のない男はダメという結論を得た。自分の考えがない、他人と交わらない、なによりも会話ができない。大学の教育は別として、仕事のスタッフであればそんな男はいらないとなる。しかし役立たずでも使ってゆかねばならない時もある。その方が多い。

古典的な方法だが、私は酒を大いに活用した。男も女もともかく居酒屋に連れてゆき、じゃんじゃん飲ませる。目的は相手の表向きの顔を失わせ本音を吐かせること。吐いた本音で相手を知るなどとケチな狙いはない。こちらも大いに飲んで酔っているからお互い様だ。

経験によると、酔って人間性が裸になった男を女性は好意的に見る。カッコつけた気取り屋がただの男の子になってゆく様子に母性的な気持ちがわくのだろうか。普段から好意をもっている相手であれば「もう、だらしなくなるんだから」と、こぼした酒を拭いてやりながら嬉しそうだ。怖いと感じていた年配の大人の人情家の一面を見直したりもする。

男はもちろん酒に酔ってきた女性が好きだ。表情はやわらぎ、ほんのり色気もただよって「いやあ、○○さんて飲めるんですね」とじつに嬉しそうになる。気持ちのコミュニケーションの第一は自分の欠点を隠さずに心を開くこと。男も女も心を開き、その場の連帯感に浸る。もちろんこちらも率先して裸になり悩みも打ち明け、「君だったらどうする?」と話しかける。意外にも女子の方が仕事の話に熱心ということもわかった。

一夜明けた翌日の職場の空気は明らかに変わり、何かがスムーズになっている。酒の効用だ。飲めない人に無理強《じ》いしてはいけないと言うなかれ。飲まなくてもよい、そういう場に参加することに意味があるのだから。

若い人と最も接したのが大学で教えていた時だ。学生は四年になると自主的にゼミの希望教授を選ぶ。振り分けが発表されるとその場で「太田ゼミ、今夜飲み会、全員参加」と告げるのが恒例だった。集めてみると、引っ込み思案も、なんでこのゼミを希望したのかわからないのも、こういう場は苦手と顔に出しているのもいる。

芸術系大学だから目標は卒業制作で、個人作業ゆえに途中で自信を失う時がくる。真剣につくるほど必ずそうなる。それを乗り越える力となるのがゼミの連帯感だ。まずビールの注ぎ方指導から始めて、がんがん飲ませた。若い者には先に焼うどんなどを盛大に食べさせてから、落ち着いて飲ませるのがよいと知った。卒制は傑作もまあまあもあったが、ゼミの飲み会は卒業してからも続き、変わらぬ悩みの打ち明け場、連帯確認の場になっている。仲間ができたのだ。

酒が心を解放させる。酒ほどガス抜きに役立つものはない。会社員時代に酒を全く飲めない部下に（体質と言っていたが大酒で死んだ父への反動があったようだ）、一年で飲めるようにしてやると宣言し、半年でそうなって、人生の楽しみが増えましたと感謝され、こちらも飲み相手がひとり増えた。

＊

男はこういう酒の席で自在にふるまえる器量が必要だ。なぜなら「酒に酔うとその人の本体が表れる」ゆえ、酔って表れた人間性に魅力があれば、それが本体と見えるからだ。あの人を信頼する、あの人ならついてゆくというのは、つまるところ地位や家柄ではなく人間性だろう。地位や家柄はなかなか得難いが人間性は自分で鍛《きた》えられる。

私は人間性を鍛えるためにひとりで居酒屋に入ることをすすめる。最初は度胸がいるけれど「男は度胸」。いざという時に度胸のある男は頼もしい人間だ。友達と騒ぐような入りやすいチェーン居酒屋は避け、常連のいそうな目立たぬ入りにくい店をあえて選ぶ。度胸試しだ。

戸を開けたこちらを主人や客がじろりとにらむ。ひるむな、こちらは客だ。

ひとりはカウンターがよいけれど、カウンターは主人と向き合うハレの場であり、はじめからそう緊張を課すこともない。末席の目立たぬ所に座ろう。最初にすることは注文。「ビールください」。これでいい。居酒屋はお通しが出るから、これを相手にゆっくり品書きを眺め、肴を決める。「鰹たたきとごま和え、ください」。それが届いて箸をつける頃は「見慣れない奴が来たな」と見ていた常連も興味を失い、誰も注目しなくなる。ここからようやく自分の世界だ。

そこでは「おとなしくしている」を心がけ、飲んだ勢いで他人に話しかけたりしてはいけない。酒二、三本を飲んできれいに帰る。そうして気に入れば翌週また来る。四、五回も通えば、この人はちゃんとした人だと認められ、「らっしゃい！」と言う主人の声も変わり「カウンターへどうぞ」とすすめられるだろう。

目的は「自分の居酒屋を持つこと」だ。常連として迎えられる居酒屋を数軒持っているのは男には大切だ。グルメ本片手の食べ歩きとは「全く違う」。会社でもない、自分の部屋でもない、家庭でもない、もう一つの自分の居場所をつくることだ。肩書きも家族も離れたひとりで行動する。それには居酒屋は手頃で、常連と愉快《ゆかい》にやるか、ひとり酒を楽しむかはどちらでもよい。

決めた居酒屋が一生通える店になったら、その人の人生は豊かになる。本当の心の友だけを誘う場所になる。妻にしようかと考える相手を「居酒屋だけど」と連れてゆく。そこではひとりの男としての器量が表れ、長年通った意味が出る。どこか店から尊敬されているように見えれば女性は頼もしく思うだろう。

＊

湯島天神下の「シンスケ」に最初に入ったのは、会社に入って数年、先輩に連れられて行った時だ。余計な飾りのないきりりとした江戸前の店内に、大人の風格をたたえた常連が静かに飲んでいた。ああいう男になりたいと思った。以来三十年。

「いらっしゃい」

駘蕩《たいとう》たる主人の迎えはいつもと変わらない。私もようやくカウンターに自然に座れるようになった。居酒屋の楽しみは季節の肴。

「本醸造燗とナマコ」

「へーい、太田さんナマコ」

主人は燗つけに入る。自分の時間が始まった。

2

櫻正宗と湯どうふ

——根岸「鍵屋」

気の合う仲間と大勢で賑やかに飲むだけが居酒屋ではない。それは学生の飲み方だ。会社の同僚と仕事論で飲む、上司と少しかしこまって飲むのは社会人としてあるべき姿だが、そればかりが居酒屋ではない。

男はひとりで飲む居酒屋を持て。

周りに知り合いがいないと不安だ、ひとりで行動できない、それはまだ子供だ。「はじめてのおつかい」ではないが、社会に出れば「おまえひとりで解決してこい」と言われる時が必ずくる。それをこなして文字通り「一人前」になる。目をつぶってでも部下に「ひとりでやってこい」と送り出すことも必要だ。私は会社員時代に自分の行動で失敗を起こし、数日悩んでひとりで謝りに行った。つべこべ言わずひとりで正面から謝りに来たことを相手は逆に評価し、以降相手方からはより信頼してもらった経験がある。チームの一員として協調でき、時にはひとりで解決してくる、この両方が男をつくる。

その「ひとり経験」に居酒屋は適当だ。いくつかの居酒屋を試し、自分に合う店を見つけて常連になる。そこへはひとりで入る。店との相性は、場所、酒肴、主人の人柄、客層などいろいろだ。スナックのママさんにほれ込んで通うのもそれはそれでよいけれど、私はひとりで黙って飲んでいられる、小さな安い居酒屋をすすめたい。ひとりで飲んでいると話し相手がいない。そこに意味がある。自然にいろんなことを考える。今日の会議でオレは発言するべきではなかったか、上司の言うことは本気だろうか。自分の今の境遇は若い頃の夢にかなっているのか。いやいや贅沢《ぜいたく》は言えない、こうして自分のカネで一杯飲めるのだから。

最近妻に優しくしていない、女性にはこまめに言葉をかけるのが大切だと誰かが言っていた。そろそろ両親の老後も心配だ。オレにも必ず介護の日々がくる。自分だけではない、彼女の二親もみなければ。問題はカネだ。大学で仲良くしていた彼女はどうしてるかなあ、あの娘と結婚する人生もあったのかもしれないなあ。

「すみません、酒もう一本」

これだ。人生には時々立ち止まって自分を見つめる時間が必要だ。それには居酒屋の片隅がふさわしい。飲んだ勢いの反省など忘れてしまうが、しないよりはよい。それは自分の根本を見直す時間だ。

しかしそのうち考えることもやめて無念無想の境地になる。何も考えない「禅の境地」と言うと大げさだが、ただぼんやりと店を眺めているだけがなかなかよいものになってくる。

そういう、ある種の自分だけの安住の場所としての居酒屋を持つことをすすめる。

＊

東京根岸、店も何もない裏通りの、椿《つばき》の木のある一軒家に夕方門灯《もんとう》がともる。居酒屋「鍵屋」は大正時代の木造二階家で昔は踊りの師匠が住んでいた。引戸を開けた店内は三和土《たたき》の床に厚い楓《かえで》のカウンター、畳四枚の小上がり座敷は縁側のような広い上がりかまちがつく。棟梁《とうりょう》が腕をふるった、関東のいささか武張《ぶば》った頑丈な、しかしどこか粋な江戸前の居酒屋だ。

「いらっしゃい」

冬の私の注文はもう決まっている。

「にこゞり、湯どうふ、櫻正宗」

「はい、にこゞり、湯どうふ」

鍵屋の酒は菊正宗・櫻正宗・大関の三種で、不思議に春は櫻正宗、秋は菊正宗、相撲の場所中は大関がよく出るという。櫻正宗、菊正宗は皇室御用達で春秋の園遊会に使い分けると聞いた。相撲の武双山《むそうやま》が大関に出世して来店した時、黙って大関の一升瓶を置くと喜んでくれたそうだ。私の座るカウンター前の八穴の銅の燗付け器は戦前から使っているもので、主人はこの燗付け器で無類のお燗をつける。

板に墨書の品書きは、〈味噌おでん・たゝみいわし・とり皮やき・とりもつやき・

合鴨塩やき・さらしくじら〉など江戸好みの簡単なものばかり。名物はメソという小さい鰻を竹串に巻いてたれ焼した〈くりからやき〉だ。板書きの最後に〈玉子焼（土曜日）〉〈秋冬のみ湯どうふ・にこゞり〉と添えられる。私は初冬の一日、早仕舞いしてここに座り、これを注文して燗酒を一杯やる時、しみじみと東京に住む良さを感じる。

そうしてひとり無想の世界に入る。

思い浮かべることは若い時と今ではだいぶ変わったが、それでもここに座るのは同じだ。昔は仕事のことばかり、その後は家族両親のこと、両親もなくなった今は何も考えない。ここのカウンターが自分の人生の立ち止まり場所になっているのだろう。

鍵屋は女性だけの入店はお断りで、女性は男性の同伴が必要だ。私は女性連れで来たこともあるけれどほとんどはひとり。この店はしゃべるよりも黙っている方が似合う。

「お待ちどおさまでした」

おかみさんが置いた〈湯どうふ〉は簡単なステンレス鍋に、とうふ、鱈《たら》一切れ、春菊少し、柚子皮ひと欠け、とまことにシンプルだ。湯どうふはこれでいい、大げさになってはいけない。シンプルといえども使い古した木の舟の刻み葱はとり放題、小鉢の醤油は鰹出汁をきかせてある。

もう一つの冬の気に入りは〈大根おろし〉だ。品書きにはただそう書いてあるだけだが、粗目の鬼おろしでおろした大根はほどよく歯ごたえを残し、添えたジャコとあいまって、辛味の増してきた冬大根を味わうのに最適だ。江戸っ子はこういうもので燗酒を飲む。

＊

鍵屋は安政三（一八五六）年に酒問屋として創業し、昭和初期から店の隅で一杯飲ますようになり、昭和二十四年から居酒屋になった。江戸の建物で酒が飲めると尾崎士郎、木下順二、内田《うちだ》百間《ひゃっけん》、永井《ながい》荷風《かふう》、高橋義孝らの文人や、落語家、能楽師などから、一般地元客と分け隔《へだ》てなく飲めると好まれた。その雰囲気をつくったのが先代主人だ。居酒屋といえども（作務衣を着るとかでなく）普通でいいと白ワイシャツで通し、著名な文人相手に話ができた。昭和四十九年に言問《こととい》通り拡張のため今の裏通りに家を見つけて移転し、江戸以来の建物は小金井公園の「江戸東京たてもの園」に移築保存された。

私はそういうことを知って通うようになったのではないが、東京の居酒屋を歩くうちに自然にここにたどり着いた。そしてここをひとりの居場所に定めた。ひとりで酒を飲むのはどこの店でもよく、駅前の名もない平凡な居酒屋の方が文学的かもしれない。地方出身で戦前の東京にあこがれる私はここが気に入った。

ひとり酒の妙諦《みょうてい》は「どこそこの常連だ」と他人に吹聴しないところにある。男は秘密をもて。ミシュランガイドに載るような店の常連を自慢するような輩《やから》は下衆《げす》の徒と知るべし。ひとり酒は、それこそ男が黙ってひとりでするものだ。

しかし時には合いの手を。

「寒くなったね」

「今日はこれですよ」

主人は白ワイシャツに重ねた臙脂のセーターをちょいとつまんだ。

3

泉正宗と芝海老

――大塚「江戸一」

男の居酒屋ひとり酒をすすめているが、どんな店がよいだろうか。

いろんな居酒屋を歩くのは楽しい。古い店、新しい店、華やかな店、渋い店といろいろ入るうちに、次第に自分の好みがわかってきて、最後は居心地のよさが決め手になる。

フランスのタイヤ会社の出しているガイド本は料理のうまいまずいが基準らしく、「評価」された店はけっこうなことだが、客には自分の価値観がある。このガイド本は酒場や居酒屋をどう考えているかわからないが、レストランと居酒屋は価値観が違う。居酒屋はうまいものを食べに行く所ではなく（もちろんその要素はあるが）、自分の心をケアする場所だからだ。精神的には酒場はレストランよりも上位にあると思う。レストランにひとりでいるのはいささか寂しい感があるが、酒場はひとりが似合う。男は自分の価値で選んだ酒場を持ちたい。

選んだ店は、新宿場末《ばすえ》の安酒場であれ、京成立石《けいせいたていし》駅前のヤキトン屋であれ、銀座の一流バーであれ、決めたら一生つきあう仁義はもちたい。それは自分の価値観のアイデンティティを捨てないことで、女性にはあまりわからない世界かもしれない。女性は新しい魅力のある店を渡り歩いてゆき、それはすてきなことだけど、男は一つの店に何十年も通い続ける。

時々、身なり品格ともに申し分ない紳士が大衆酒場にひとり座り、何を考える風でもなく酒を飲んでいる光景を見る。高級な料理屋にも接待にも慣れ、自分も案内できるが、ひとりで飲む時はこの安酒場がいい。料理がうまいとか、サービスが完璧とか、自分を大切に扱ってくれるとか、何一つなくてもここがいい。これが男だ。地位や金を得て得意げに高級店ばかり入るようでは男としては安い。男は、金がなく苦労を続けた下積みの頃を忘れない。その時飲んでいたのは安酒だが、その酒の方が本当はうまかったのではないかという気持ちがある。それを忘れず、自分のことは黙ってするのがダンディと言いたい。負け惜しみか？　それならそれでよい。

＊

東京大塚の居酒屋「江戸一」は戦前は酒屋で飲ませ、戦後居酒屋になった。酒は四斗樽《しとだる》の「白鷹」「泉正宗」が基本で、他に全国地酒一升瓶がカウンター内の板場に並ぶ。客のほとんどは燗酒で、迷うと燗をすすめる。常連の好みの銘柄、燗具合は熟知し、黙っていてもことが運ぶ。私は黙っていれば「鶴の友」、燗温度はたぶん四十四度だろう。しかしお燗番の指の腹が温度計で、計ったわけではない。

今日の二本目は泉正宗にした。木の香をたたえた樽酒の燗は他にはない魅力があり、樽を置く店も少なくなったので、この頃はここに来たら飲むようになった。白鷹は灘《なだ》の良心として燗酒派に不動の信頼があり、頑固な燗酒を出す神楽坂「伊勢藤《いせとう》」はこれ一本やりだ。白鷹はおだやか、泉正宗はさっぱり、が持ち味だ。

台所口に並ぶ品書き札は〈刺身・〆鯖・煮穴子・豆腐〉など居酒屋の基本ばかりで、五百～六百円と安い。〈焼魚〉六百八十円を頼むと本日の魚を書いた板紙が渡され、〈生鮭・水カレイ・キンキ開き〉。〈カマス・ブリ〉は売り切れて線で消された。

今日の品書きの注目は〈芝海老〉だ。かつて東京の芝のあたりでたくさん獲れた海老の名品だ。かき揚げがうまいがどう出すだろう。届いた小鉢は、背を丸くした茹で海老に糀《こうじ》と柚子のぬたをからめて、いかにも冬の東京の風情。師走《しわす》も間近の燗酒にこれは粋だ。

江戸前の酒肴を引き立てるのが、店内を一周する厚さ三寸もある堂々たる樹齢六百年の檜《ひのき》カウンターだ。居酒屋基本のコの字形で、その頭上に回した太い梁も同じ。柾《まさ》目《め》剛直、直角を強調した武張った店内は、背筋を伸ばし姿勢よく飲まねばならない雰囲気がある。ひとりひとりに置かれる、箸・盃・お通し（今日は青大豆）を並べた角盆は、ここが自分の範囲と他人にけじめをつける江戸っ子の作法だ。

カウンターに座る客はほとんどひとりか二人連れで、賑やかにやるのではなく、ひとり客は無念無想で天井をにらんで時に手酌。二人連れも連れに聞かすだけの小声におさめる。ジャンパー、替上着のリタイア中高年にまじり、無難な髪形とスーツの官僚風や大学の先生など、働き盛りの堅い職業らしきも多い。またやはり黒スーツのキャリア風女性ひとり客もしばしば見かけ、組織の仕事をすませてようやくひとりになれたのをかみしめるように盃を傾ける。仕事ならばいやでも人と話をしなければならない疲れを、ここでじっと黙ることで鎮《しず》めているのだろう。カウンターは満員だが店が静かなのは、それぞれが黙ってここに座ることを楽しんでいる充実した静寂だ。

中に立つのは女性ばかりで無駄口はたたかず客に気を配る。かなめは勘定場の脇に座る白髪のおかみだ。時々つと立って常連に徳利や小鉢を運び、ひと声かけ、「巣鴨のお地蔵様の生まれ」という江戸っ子らしいさっぱりした口跡《こうせき》の威厳《いげん》が店をひきしめる。私は座るとちょっと目を送って目礼、おかみも目でうなずく。やがて酒が三本目くらいになると手ずから徳利を持ってきて「お久しぶりね」と声をかけ、また戻る。

飲んだ徳利は下げられずそのまま置かれ、誰が何本飲んだかわかるのが面白い。見ているとだいたい五本目が関所で、それ以上が重なると、おかみが「もう帰んなさい」という様子になり、察した客は飲んだ徳利をきれいに並べ、皿小鉢も寄せ、おしぼりで机を拭き、本当にすることがなくなったと名残《なごり》を惜しみ惜しみ席を立つ。おかみは残った徳利、皿小鉢を数えてしゃっと算盤《そろばん》を入れて勘定となる。

酒を飲むのは江戸一と決めた客が通い、守るべき空気と暗黙のルールがあり、なにげなくぶらりと入ったはじめての客が恐れをなしたように早々に退散するのを見ることもある。しかし客同士の顔見知りが来ても声高に声をかけたり、席を寄せるようなことはしない。私も正面に知り合いが座ったことがあったが、互いに「来てるな」とニヤリと目礼しただけで終え、あうんの呼吸で外に出てから二人でもう一軒行った。酒好きで知られた文学者・高橋義孝や田村隆一も常連、新劇の名優・宇野重吉もたびたび訪れたというが、それは良い光景だっただろう。

＊

この雰囲気を好むかそうでないかは分かれる。江戸一とはよくつけた名で、これが、群れずに分をわきまえ、決めたら黙って通う、江戸＝東京っ子の酒の飲み方だ。私は昔ひとりで入り、ここの客になろうと決めたのは、この居酒屋に東京人の流儀を見たのかもしれない。

私は湯島の「シンスケ」、根岸の「鍵屋」、ここ大塚の「江戸一」を東京居酒屋御三家と言っている。近くに上野鈴本演芸場のある「シンスケ」は落語が似合い、かつて隠棲《いんせい》したり妾宅《しょうたく》の隠れ里であった根岸の「鍵屋」は端唄《はうた》が似合うとすれば、「江戸一」は張り扇をピシリとたたいて士道を説く講談が似合う。

江戸一に時々顔を出すようにして二十年ほど過ぎた。いつ来てもすることは同じ。おかみは私を憶えたらしくほんのひと言の会話を交わし、それで満足だ。江戸っ子は長広舌《ちょうこうぜつ》を嫌い、ひと言で決める。

ここほどひとり酒が似合う居酒屋はない。女性も増えたがそれはよいことだ。ひとりになって静かに酒を飲む。これは大人のすることだ。

4

コップ酒とあじなめろう

――四ツ木「ゑびす」

酒場は映画やドラマによく登場する。

〈映画に酒場はつきものです。人は何かを背負って居酒屋の暖簾を分け、酒場のドアを押す。問わず語りに、居酒屋主人、バーのママに心をうちあける。悩みも、愚痴《ぐち》も、野心も、欲望も。秘めたる恋も、せつない胸も。映画に酒場が欠かせないのは裸の心を描けるからです。男と男が、男と女が、女と女が酒場に入るのは、必ず自分の心を見せたいとき、酒の力を借りて告白したいとき。そんな場面を映画が見逃すはずがありません〉

以前、名画座・神保町シアターで「映画と酒場と男と女」という特集を企画上映した時、プログラムにこう書いた。また〈場末のおでん屋台に男二人並べば必ず本心を吐露《とろ》し、友情を確認する。銀座のクラブではこうはならない。本音と虚栄、落魄《らくはく》と栄華《えいが》。酒場により描かれる内容が予見される――〉とも。

さらに付け加えたい。

〈映画で男がひとり、もの思いに沈むとき酒場は絵になる〉と。つまり酒場は自分の心を確かめに行く所だ。小説家・開高健《かいこうけん》は「酒を飲むときの最高の肴は、そこに置いた自分の心だ」とさすがにうまいことを言っている。

そういう時の酒場は安酒場だ。自分の心を確かめに高級割烹に入る男はいない。いたらバカだ。そのへんの酒場の暖簾をくぐり、適当な注文をして（何でもいい）、コップ酒をにぎりしめる。男はこういうことができなければいけない。こういうことができるから男はいい。映画ならば、いかにもちやほやされそうな二枚目（森雅之でも加山雄三でも木村拓哉でもいい）が、場末の安酒場でひとり黙ってコップ酒を見つめるシーンは必ず名場面になるはずだ。

男が安酒場に行くのは「落魄」を知るためだ。若い頃から何もかもうまくいって特に悩みはなし、今夜も赤ワインがうまい、みたいな男はカスだ。人生の「苦役《くえき》列車」に一度は乗ってこそ酒の味がわかる。

できればそういうところとは無縁でいたい、ではダメだ。落魄を経験しなければ男は一人前になれない。実業でも芸術でも、功成《こうな》り名遂《なと》げた人の自伝で最も読みごたえがあり心情がこもるのは、どん底時代の懊悩《おうのう》だ。「あの時があってこそ」「あれが自分をつくった」は共通した感懐《かんかい》になっている。

私は男は安酒場に通うことをすすめたい。そこで自分の心を見つめよ。

*

京成電鉄押上線四ツ木駅から歩いておよそ十分。繁華街とも言えない道路沿いにおよそ八メートルの大暖簾「大衆割烹ゑびす」が下がる。長いガラス戸はどこを開けても入れ、すぐそこは道路に並行する長大なカウンターだ。

座った目の前の、横一列にえんえんと貼られた品書き短冊ビラが圧倒する。さらにその上奥のテレビの両側、下にも列をつくり、台所の料理差し出し口のところだけ空けてどこまでも続く。

〈まぐろ・かつお・いわし・あまえび・〆鯖・小肌・いか納豆・まぐろ納豆・いかとまぐろと納豆・目刺し焼・肉豆腐・ニラレバ炒め・なすピーマン味噌炒め・フライ盛り合わせ・はぜ・穴子・めごち・いか天ぷら・オクラ・シシトウ・川海老唐揚げ……〉。

品書きは一体いくつあるか店の人もわからないと言うが、二百はあるだろうか。酒も日本酒・焼酎・ウイスキー・酎ハイ・ワイン・デンキブラン・どぶろく・ひれ酒など、何でもある。酒も肴もご飯もありとあらゆるものが揃って値段は超格安。ここに座りさえすればどうにでもなる。特筆は、チェーン居酒屋あたりとは全く違う、煮物も焼物も天ぷらも、一つひとつ丁寧に作る仕事の良心だ。創業昭和二十六年からずっと続いてきた店はさすがに根本が違う。

檜一枚板の立派なカウンターは客の肘で磨かれてぴかぴかに光り、大きな箸立てにぎっしりの割箸・醤油・ソース・七味・爪楊枝が並んで万全の支度だ。さて注文。

「芋焼酎のお湯割り、あじなめろう」

「はい」

四時開店即満員の店内だがエプロンの女性は手慣れて渋滞はない。注文を受けるとチョークでカウンター内側に直接書き、出すとすぐ消す。余計な口は利かず役割に集中している姿はじつに気持ちがよい。

トントンとたたく音が聞こえて届いた〈あじなめろう〉はねっとりした鯵に、生姜、浅葱、大葉が噛み心地をつけ、コップの焼酎お湯割りが体を温めてゆく。隣の男はカウンターに煙草《たばこ》とライターを置いて持参の文庫本を開く。外回りらしいサラリーマンが、今日はもう終わりでいいやとぼうぜんと天井を見る。夏に来た時、音の聞こえないテレビ大相撲の下位力士取り組みをぼんやりと見た。

客は基本的に男ばかり、それもひとりが多い。男客だけの酒場は静かで、酒場はひとりになるために来る所というのがよくわかる。そういう居場所たるセーフティネットがあるのは安心だ。酒と肴とこの丸椅子があればとりあえず文句なし。男に生まれてよかったと思うのはこういう時だ。

男の酒場とはこういうものだ。しゃれてるわけでなし、名酒でなし、グルメでなし。しかし「洗練」がある。値段以上の愛情こもる料理、愛想はないが注文は絶対間違えない確実なサービス、客たちのつくり出す落ち着き。これこそが真の「洗練」と知る。そういう酒場を自分で見つけ、自分の居場所としてゆくことをすすめたい。

*

では女性は、安酒場コップ酒の男をどう見るだろうか。「ビンボーね」と思うか「男らしいわね」と思うかで女性も分かれる。女性にどう見られるかを考えて酒を飲むのではないからどちらでもよいが、男と女はやはり違う。苦労を知らずに育ち、つねに朗《ほが》らかで明るく、なにごとにもにこやかにふるまえる女性は男の永遠のあこがれだ。私とて女性をお連れする時は、場所・料理・雰囲気・サービス・楽しさ・話題性・店の格・主人と顔見知り、とあらゆる気を遣い、安酒場なんかには絶対お連れしない。そして「ごちそうさまでしたー」と喜ばれて帰られたあとに、ひとりで安酒場へコップ酒を飲みに行く。

夕方職場の上司が、「ちょっと行くか」と小声をかけてきた。飲みたいだけでもあるようだが、少し話もありそうなのは、いつも大勢で行く所とは違う店へ連れて行かれたことで察しがつく。裏通りの目立たない酒場は特に常連でもないらしい。ビールをきゅっとやり、肴をつまんで箸を置き「じつはな……」。

男同士、男ひとりには安酒場が似合う。男の世界は安酒場にある。

5 ビール黒ラベルと海老しんじょう
——恵比寿「さいき」

男は孤独に酒を飲めとすすめてきたが、その逆もある。

あの居酒屋に行けば誰かいる。心寂しくなった時、仕事や職場の相手に疲れた時、気の置けない連中の顔を見て一杯やりたい。あるいはちょっといいことがあった時（課長になった、息子が合格した、競馬で当てた）、嬉しい気持ちを見せたくて行く。公言すると自慢になるが、少しは言いたい。

彼女に言うのはほほ笑ましいが、男同士で冷やかされながらもいいものだ。「へえ、よかったじゃない」「オマエにしては上出来だ」「一杯おごれ」。何を言っても言われてもいい仲間はありがたい。男のつきあいとはこういうものだが、同僚や上司など同じ会社同士では微妙にこうはゆかない。良いことがあった時こそ目立たぬように口を封じていなければならない。

そしてもちろん、その店の主人、おかみがいる。あそこに行けば誰かいるかな、ではなくて、行けば確実にいる。ある老バーテンダーが「バーテンダーで最も大切なことは、確実にそこにいて、いつもの通りに迎えること」と言っていたが、なるほどと思いつつこれはたいへんな仕事だなと知った。病気、旅行はもちろんできないし、三年ぶりに来た客がたまたま臨時休業と重なると勝手に怒るものだ。

居酒屋も同じだ。いつもと違う相手と飲みたくて友達を思い出しても、電話で都合を聞かなければならないが、居酒屋の主人は行けば必ずいる。

「お、いらっしゃい、お久しぶり」

「オヤジさん、元気じゃない」

「いや、もうダメですよ」

「またまたー、ビールね」

「はい、〇〇さんビール一本！」

なんでもない会話を交わせる安心感。

「景気はどう？」

「さっぱりですねー」

と言ってもそこ止まりで「では、どうすればよいか、君の意見は？」などとならないのが良いところだ。

男はなじみの居酒屋を持たねばならない。「行ける島がある」のは自分を豊かに、健全にする。きれいなおかみのいる料亭や銀座のクラブでももちろんよいが、それとは別に、市井の一杯飲み屋になじみを持つことが大切だ。そこにはいろんな人が来る。偉い人かぺいぺいか、金持ちか貧乏か、カタギかヤクザか。職業も住む所も何も知らないが、顔見知りになって話もするようになったのは、男同士で気が合ったのだろう。

メールばかりの今の若い人にこれができるだろうか。見も知らぬ他人の中に自分も加わり、少しずつ互いの心を開いてゆく。相手に失礼にならぬよう、しかし酒場の男同士、遠慮して気遣ってばかりではつまらない。寛容に、そして度量をもって気持ちを通わせる器量が問われる。

これは人間にはとても大切なことだ。これのできる人は尊敬され、周りに人が集まる。居酒屋でこの訓練をする。

＊

恵比寿駅西口を出てすぐ、ごちゃごちゃした飲み屋小路に居酒屋「さいき」がある。今どき珍しくなった木造二階家は、流行の古民家再生などと違う本物だ。紺暖簾の玄関の大鉢の梔子《くちなし》がまもなく白い花を咲かせるだろう。

「こんちは」

「お帰りなさい」

入ると「お帰りなさい」、出る時は「行ってらっしゃい」が当店のお約束。まことに感じよく古びたカウンターに座ると、すぐ声が。

「今、○○さん帰ったところ」

「なんだ、もう少し早く来ればよかった」

「太田さん来てないな、って顔してましたよ」

「どうせ悪口言ってるんだろ」

「へへへへ」

しかし端に顔なじみがいてにっこり目礼され、こちらも挨拶。確かあの人は近くで飲食商売の人だったな。安そうだと暖簾をくぐったサラリーマン、はじめて入り興味深そうにしている若い人、若いカップルもいて今日は客がいる方だ。顔見知りの常連にはOLも、重役も、大学教授も、編集者も、広告業も、女優も、フリーターも、謎の美人姉妹も、全くなんだかわからないのもいる。

「ビール黒ラベル、海老しんじょう」

「はーい、太田さん海老しんじょう」

主人は私と同じ年齢で、話題はもっぱら最近見た演劇の批評だ。私が連れてきた友人の演劇雑誌編集者は近くに事務所もあって私以上の常連になり、その影響で主人は年間二十数本も舞台を観るようになった。

「さいき」は昭和二十三年渋谷橋に開店し、翌年ここに今の家を建てて越した。主人の斎木櫻子さんの人柄で次第に客が客を連れて来るようになる。文学関係常連に奥野《おくの》健男《たけお》、日野啓三、島尾敏雄、庄野潤三、清岡卓行《きよおかたかゆき》、吉本隆明《よしもとたかあき》や、その後「第三の新人」として注目されるようになる安岡章太郎、小島信夫、遠藤周作ら。二階では『三田文学』の編集会議も開かれた。鋭い批評で知られたある若手はなじみのここで飲み、今から夜行で雪の八ヶ岳に登りに行くと言い残して店を出て、その山で自殺した。

注目すべきはここに来ていたそれぞれが、新人作家としてデビューする前の貧乏な文学志願者だったことで、功成り名遂げた作家が銀座の文壇バーに行くのとは違う。吉行淳之介は芥川賞受賞の報《しら》せをここで聞き、おかみさんに「少しはツケが払える」と言ったとか。

私はそういうことを知って来るようになったのではなく、通い始めて五、六年も過ぎた頃、額に飾る今は亡くなられた櫻子さんの写真についていて尋ねてはじめて知った。店には作家色紙のたぐいは一枚もなく、息子さんである主人もそういう話はしない。

このことは私に居酒屋のもう一つの価値を教えた。およそ作家志望などは他人に心を開かぬ狷介《けんかい》な人種だ。それが面倒見のよいおかみを中心に、友人や同志になってゆく。作家のような職業ではなくても、自分のなじみの酒場を持つ、「行ける島」を持つ、とはこのことだ。男はこういう世界を持ちたい。

＊

主人は大学後輩の立松和平《たてまつわへい》さんを大学時代から「わっぺい、わっぺい」と引き立て、立松さんも大晦日《おおみそか》の夜は必ずここに来ていた。居合わせた私は、「ミニ対談やってよ」と言われ苦笑したことがあった。立松さんが亡くなられて一ヶ月後に店に行くと、主人は少し涙を流した。

その主人も昨年倒れ、広尾病院に見舞いに参じると外出中という。やがて退院したと聞いて店に行き、「ちゃんと病院にいろよ」と笑うと頭をかいた。今は体調と相談して、毎日は店には立てないが、彼を慕《した》う常連は変わらずやってきて「生きてるか」とタメ口をつかい、カウンターの女性たちに叱られている。斎木さん、元気になれよ。

6

地酒お燗とくさや

——八重洲「ふくべ」

居酒屋で男同士が愉快そうに酒を飲んでいるのは良いものだ。

　　おでん酒酌むや肝胆相照らし　誓子《せいし》

この時は酒や肴を味わうよりは話が中心。何か適当に注文して、ちょいと乾杯して、きゅー。「どうだ、その後」「うん、まあまあだ、そっちはどうだ」「うん、こないだ……」この調子。

居酒屋で飲むには、ひとり酒、二人酒、三人酒、四人以上、の四つのシチュエーションがある。ひとり酒は別として私が好きなのは三人酒だ。三人酒は、男二人向かい合う緊張感がなく、話に参加したり、適当に抜けたりで気が楽だ。聞き役、注文役も役のうち。エピソードが一つ出れば「ははは、オレの時はね」と二つ目が出る。話が煮詰まってきたら「まあそれはだな」と落としどころをつくったりして、会話がバランスよく回る。四人以上は宴会になってしまう。宴会ならいいが下手にリーダーが現われて会議になってしまったりする。三人は力バランスが公平で、私は何でも三人でやるのがコツと思うようになった。

二人酒はどうか。歴史ドラマなどで、初対面同士が難しい話を終えたあと「まあ一《いっ》献《こん》」と酒を酌むのは、互いの人物を見抜き相手を認めたサインだ。刀を脇に置いた武家社会ならなおさらだ。この時、お茶ではまだ他人。酔うといささか隙の出る酒であればこそ、互いにそれを許す関係にする。まさに「肝胆相照らした」のだ。

男が男を認めて飲む酒はいいものだ。そういう間柄の友人を持ちたい。それにはもちろん、自分に認められるだけの器量がなくては成立しない。男を磨くとはそういうことだ。宴会やカラオケで騒ぐのもよいけれど、時にはこれと思う人物と、渋い居酒屋で笑いながら、あるいはしみじみと酌み交わしたい。居酒屋で男同士が愉快そうに酒を飲んでいるのが良い風景なのは、肝胆相照らした男同士のさっぱりした友情なのだろう。

＊

東京駅八重洲口には、昔ながらのちょっとした飲み屋街があり、東京駅から東西南北、いろんな電車で帰るサラリーマンの息抜きになっている。通りに面した「通人の酒席　ふくべ」は看板も縄暖簾もパッとしないが、中に入ると圧倒される。すすけた葭簀《よしず》の天井、飴色に艶《つや》光りする一枚板の腰板、黒豆砂利洗い出しの床は真ん中の歩く所はすり減り、L字カウンターの手前は客の肘で磨かれて白い。古色蒼然《そうぜん》たる店内の奥には白木の四斗樽が清々しく座る。正面三段におよそ六十本並ぶ一升瓶は全国の地酒で、ほとんどすべての県がある。

カウンターに座ると、白徳利・盃・お通し（昆布佃煮）・箸を並べた小角盆が置かれる。酒を頼むと主人の燗つけが見ものだ。徳利に差した大きなじょうごに木の一合枡を置いて一升瓶から注ぎ、ややあふれたところで枡をひっくり返し、満たされた徳利を燗つけ器の湯に沈める。「枡・じょうご・徳利」が主人の言う「三種の神器」だ。正一合の枡は二代目だがすっかり角が丸くなっている。直径十五センチの銅製の大じょうごは先代から使い続けていたが、開店七十周年の祝いに常連客が新品をプレゼントしてくれた。店名通り、ふくべ（瓢箪《ひょうたん》）をさらりと一筆描きした白磁器の徳利は清潔で持ち具合がいい。

「ふくべ」は戦前の昭和十四年に今の店の斜め後ろで始めたのが創業だ。先代は八十四歳で亡くなる前日まで店に立っていた。今は勤めを定年退職した息子さんが二代目として立つ。

「渋い」を絵に描いたようなこの居酒屋は男同士が二人で飲むのにぴったりだ。ひとり一盃のけじめよく、はじめの一杯くらいは酌をし合うがあとはそれぞれ。好きな酒、肴を注文し、適当に飲み、「オレいくら」と自分の勘定をして帰る。中年おばさんが「あたしが払う」と伝票を奪い合う光景はない。

ここはまた肴が渋い。〈おでん・きんぴら・しめ鯖・たらこ〉あたりで、私がいつも頼むのは〈塩らっきょう〉だ。甘酢嫌いの私にはここのさっぱりした塩らっきょうはじつにありがたい。

さらに楽しみは〈くさや〉だ。くさやのある居酒屋は少なく、また八丈島好きで製造所まで行った私はくさやにうるさいが、ここのは最上の本物だ。それをあまり細かくむしらずにすとんと置き、何も遠慮することはない、くさやはこれでいいのだと男らしい（？）気持ちになる。これをかじりながらの燗酒は「男一匹、市井に生きる」の感がわき、この店が聖域にも思えてくる。

昆布佃煮、塩らっきょう、くさや。男の酒の肴はおよそこんなものだ。小倉の俥《くるま》引き無法松《むほうまつ》はいつもらっきょうで酒を飲んでいた。男が、もっと言えば男同士が食通やらグルメをひけらかすのはみっともない。私は酒にうるさく銘柄をあれこれ言ってきたが、最近はこだわらなくなってきた。今の酒はだいたいうまいが、さほどうまくなくても酒の価値はもっと他にある。

それは、男同士で腹を割って飲むことだ。

昔は、人と人が今よりも信頼し合っていたような気がする。大人は大人のふるまい、つきあい、節度を社会から学び、それにより同じ価値観をもって安心して話ができた。そういうつきあいをして、酒を飲みたい。

＊

居酒屋でそれが学べる。酒は酔うからいいのだが、酔うとその人の本質が表れる。理屈を繰り出す、批判する、威張《いば》る、愚痴が出る。酒を飲んでそうなる人は本来そういう人だ。若い時はそれでいい。威張る、愚痴るは感心できないが、飲んだうえの議論で一歩もゆずらない若さは必要だ。

しかし、いい年齢になった男が議論するのはみっともない。人生経験が口に出して良いことと良くないことを教え、酒席を愉快に保つ知恵を育てる。そうして「肝胆相照らす」酒が実現する。まことに酒は、居酒屋は、男を育てるものだ。

「いくつになった？」

「四十、大台だ」

「ふーん、どうだ」

「時々、飲みながらひとりで考える時がある」

「何を」

「……オレは、オレの思っていた人生を送っているのかな、とか」

「うーん」

「………」

「(一杯飲んで)難しいところだな、オレもどうかなあ」

「まあ、かみさんと子供がいるからな」

「……そういうことだよ」

いいものじゃありませんか。

※「ふくべ」二代目主人は引退され、息子さんが三代目として立つ。にこにこと優しいお母さんは健在だ。令和四年五月現在、建て替え中。

7

乾坤一の冷やと馬力和え

――新宿「池林房」

居酒屋には「たまり場」の要素もある。

「久しぶりに集まるか」「おう、いつものあそこ」「じゃ、あいつも呼ぼう」。三人が四人、五人になってもかまわない。「なんだ、おまえも来たのか」「こいつ、紹介する」。人が人を連れて来てわいわいやる。

若ければもちろん、いい歳になっても若い頃と同じように、仲間でわいわい飲むのは男には必要だ。何を言おうが言われようが、からかわれようが、頭をゴツンとされようが、遠慮のない男同士の良さは仲間にある。最近落ち込んでる奴も、引きこもり気味も呼び出して「こらあ、飲まんかい！」でがんがん飲ませて吹っ切らせる。

これには趣味的な小さな居酒屋は向かない。全員に便利なターミナル駅の近くの大きな店。大勢集まれる大テーブルが欲しい。料理は安くてボリュームがあって、生ビールがうまければベスト。その店がつねに決まっていることが肝心だ。そのたびに店を選んで場所を教えて、ではめんどくさい。いつもの所なら少々遅刻しても「ゴメーン」ですむ。たまには彼女を連れて行って驚かせてやるか。

＊

私のたまり場は新宿の「池林房《ちりんぼう》」だ。東口を出て伊勢丹を過ぎ、寄席《よせ》・新宿末廣亭《すえひろてい》の先の半地下。ガウディ建築のようなくねくねした鉄の行灯看板に書かれた名文句〈やれ遊べ酒池肉林《しゅちにくりん》には届かねど〉が目印だ。鉄と厚い木を豪快に組み合わせたスペイン的熱気を感じさせる店内には、がっしりした木の屋台が四台並ぶ。屋根も台車もついいて、そのままでもじゅうぶん外で引いて使える屋台だ。室内だけど外で飲んでる感じを出したかったそうで、よく見ると店内隅にはご丁寧に裸電球のともる丸太電柱まで立っていて、野良犬が小便をひっかけそうだ。

屋台は当然相席だから知らぬ同士でも黙り合ってる方がヘンというムードになる。中に誰かが入って主人よろしく「お飲み物は?」と仕切り役を買って出る。いやでも他人と顔を突き合わせて飲ませるのがこの屋台の狙いだ。

これはいかにも新宿らしい装置だ。「新宿らしい」とは、マスコミ、出版、映画、演劇、すなわち大声でわいわい話して飲む連中のたまり場ということだ。その雰囲気に興味をもち、文化にあこがれ、人と交流して何かを成し遂げようという夢を持った若者がまたやってくる。何かの打ち上げ会を横目に見て飲むことも多く、いろんな業界人や、あの人とあの人が知り合いなんだとか、作家と編集者の激しい議論も見た。

特徴は、①うまいもの本位の実質料理　②若いのが黙っててきぱき働く　③値段が安い　④無休で深夜二時まで営業。金土曜は朝五時、つまり始発電車までやる。

＊

私は大学を出てすぐ入った銀座の資生堂のデザイナー生活に不満はなかったが、二十年も勤めると別の意欲がわいてきた。組織からも、それまでの人間関係からも離れ、全くのひとりになって出直してみたいと。仲間を集めて好きなことをぐいぐい進める椎名誠《しいなまこと》さんの本を読み、その男らしい行動力にあこがれたことが大きい。その後椎名さんと知り合うようになると、当然のように池林房に連れて行かれた。

池林房はそれまでの銀座や、業界人の集まる青山六本木あたりとは、人種も話す内容も飲み方もまるで違っていた。ここでは会社の上下関係は似合わない。サラリーマンも学生の顔に戻り、そうしたくてここに来る。会社の飲み会よりも大学の仲間と会う場所のようだ。彼女にいいところを見せて口説くのも似合わない。なにしろ屋台で隣に誰かいるのだから（でも、ここで口説かれて落ちる女性はいいなと思うけど）。

つまりは上司もヒラも、男も女も、有名人もただの人も、誰もが人間にかえる。裸の人間ひとりの器量でここにやってくる。会社勤めをやめて肩書きの全くなくなった自分をこの居酒屋が引き受けた。そこにひとりでゆくことが痛快だった。出版記念会やナントカを祝う会などが銀座あたりで開かれても「二次会は池林房」「おお、先に行ってる」で誰にでも通じ、私もなだれ込んで、その日知り合ったばかりの人と深夜まで飲んだ。

デザイン業界しか知らなかった私に出版業界の人は新鮮に映った。デザイナーは美学重視で直感的だが、編集者は言葉重視で論理を重んじ、文化や社会の何にでも興味をもってゆく懐の深さがある。ライバルであるはずの他社の編集者同士が仲良く酒を飲む光景はそれまでの会社勤めでは考えられないことで、○○社の社員というよりも（でありながら）同じ職業同士のプロとしての連帯感をいいなあと思って眺めた。私の価値観も変わってゆき、いつのまにか文章を書くようになっていった。この居酒屋は私をそういう方向に導いたのだ。

＊

今日もほどよく混んでいる。珍しくひとりで来たが、こうして座っていると誰か知り合いが現われそうだ。つまみはいつもの〈こんにゃくとしらす炒め〉に、久々、オクラ・長芋・納豆のねばねば系に、うずら卵・葱・削り節・海苔をのせたのに醤油を回してエイヤとかき混ぜる〈馬力和え〉でもとるか。スタミナ重視の頃は必ず注文していた。

気楽な居酒屋の割に日本酒が充実しているのがありがたく、若い者でも酒だけはキチンとしたものを飲めという私の持論（？）に合う。その中に、おお、東北・宮城の酒「乾坤一《けんこんいち》」がある。東日本大震災でこの蔵は大きな被害にあったが、若い蔵人が敢《かん》然《ぜん》と立ち上がっている記事を雑誌で見た。写真の彼は私の教えていた山形の東北芸術工科大学で学んでいたが、卒業の時、叔父の日本酒蔵に入りますと挨拶に来て激励したことがあった。

ツイー……。

乾坤一の冷やがはらわたにしみわたる。そうだぞ、まさに震災から立ち上がる今こそが〝乾坤一擲《いってき》〟勝負の時。久我君、がんばれよ。

「カズさん、ひとり？」

寄ってきたのはオーナーの太田《おおた》篤哉《とくや》さんだ。通称トクさんとは数えれば二十年以上の知り合いになったが、もっさりした風采《ふうさい》は何も変わらない。はじめて来た時に同じ姓同士と知り、すぐ親しくなった。有名作家もぺいぺいライターも貧乏学生も、誰に対しても態度の変わらないトクさんへの信頼は大きく、それはこの居酒屋のポリシーそのものだ。

「昨日、椎名さん来ましたよ」

「あ、そう、しばらく会ってないな」

数年前大学の太田ゼミの卒業生から、東京メンバーで飲み会を開きませんかと声をかけられ、私は迷わずこの店を予約した。東北から出てきて東京で働き始めた教え子たちを、新宿のここに放り込んでみたい気持ちがあった。その日、奥の席に椎名さんがいて、帰る時に声をかけてくれた。教え子たちですと紹介し「せっかくだから何か話してください」とお願いすると、「オータ先生はどういう先生だった?」と逆に皆に聞かれて私は肝を冷やした。

以来その会はここがたまり場になった。彼らも池林房の仲間になってゆくだろう。

8

日高見と泉州水なす

——中野「第二力酒蔵」

彼女と二人で食事ですか、いいですな。どこに行きますか。今評判のレストラン、粋な隠れ家和食、意外とお好み焼なんかもくだけていいかな。

男はこういう店選びが苦手だ。第一知らない。そういうことは女性が決めてくれ。あまり堅苦しく高い店は困るけど。

それでいい。女性に「そういうセンスもないの」と言われたら「ない」と言えばいい。評判の店に詳しい男なんてロクなものじゃないという気持ちもある。とはいえ彼女に好かれたいから弱みもある。男はつらいよ。

彼女を連れて行く店の条件は「知っている店」であることだ。はじめてでは、勝手も味も、居心地も値段もわからないから絶対に避ける。できれば二、三度入り顔なじみになっている方がいい。名前を覚えられていればベストだ。女性はしゃれた店、話題の店が好きだが、それ以上に男がどういう店の顔なじみか、その店でどう扱われているかに興味がある。三つ星レストランの顔なじみなら「へえ」と思うし、老舗の焼鳥屋の顔なじみならまた「へえ」と思う。男はいざという時に彼女を連れて行ける店をいくつか用意しておかねばならない。男はつらいよ。

*

食通でいろんな店に連れて行ってくれる男はもてるだろうが、結婚を意識してくると店も変わる。

お互いを知ろうとつきあっている間は、男は気に入られたい下心もあって無理して高級レストランなどに連れて行くけれど、妻にしようかなと思い始めたらそれはやめ、身の丈にあった、いやむしろもっと地味な店を選ぶようになる。「結婚したら派手な生活はできないよ、このくらいができる範囲」と知らせるためだ。

その時「レベルが落ちたわね、ケチね」と不満顔をする女性はやめておいた方がいい。その女性は連れて行ってくれる高級レストランが好きなのであって、君ではない。一緒にいるのが好きならば店に文句は言わないはずだ。むしろ男の堅実な面を好意的に受け取るだろう（受け取ってもらいたい）。

男の九十九パーセントは高級レストランよりも妻の手料理を喜ぶ。外食好きの妻を喜ぶ亭主はいない。逆に高級レストランをいくつも知っているグルメ男などを亭主にすると料理で苦労するぞ。店選びなど苦手で、何を食べてもうまいと喜んでくれる男の方がよくはないか。

女性にとって、夫と決める男の絶対条件は生活力だろう。いくらイケメンでも優しくても、生活力＝家族を養う力がなくては話にならない。勧めても長続きせずすぐ辞めてしまう、甘ったれた言い訳をする、こんなのはダメだ。

同様に妻にする女性の絶対条件は贅沢を言わないことだ。いくら気立てが良くても、見栄っぱりや奢侈《しゃし》、経済観念のない女性を妻にすると一生苦労する。「私は贅沢の似合う女なの」あ、そうですか、どうぞそうさせてくれる人をお探しください。

そうではなく、「少ない給料で苦労かけるな」「いいえ、ありがとうございます」これが基本だ。互いに歳をとって昔を思い出し、「あの頃は金がなくて、たまの焼肉屋で分け合って食べたな。あの苦労時代がいちばんの宝だ」とは誰もが言う。カネの苦労をするのは夫婦にとって大切なことだ。夢がないと言うなかれ。「でも、あの頃は夢があったわ」それが夫婦をつないできたのだ。

*

結婚を意識した彼女とゆくのに、中央線中野の居酒屋「第二力酒蔵《だいにちから》」あたりはどうだろうか。

店は大変広く、ひとり用のカウンター、四人掛け、六人掛けのテーブル席、畳の小上がりにもいくつもの座卓が置かれ、仕切った掘りごたつ席、奥には広い座敷、さらに二階に大広間もある。そこにひとり者、カップル、夫婦、男二人、女同士、子連れ家族、孫も連れた大家族、早仕舞いの現場作業員、上着を脱いだサラリーマンなど、あらゆる人がいる。

壁いっぱいの品書き札はその時季の魚貝がすべて揃い、刺身、焼魚、煮付、天ぷらと何でもござれ。かつお・すずき・鯛・鳥貝・青柳・高級鮭「マスノスケ」は塩焼・バター焼、若鮎は天ぷら。きんき・かれい・めばる・かさごあたりは煮魚だ。〈鮑ステーキ〉三千五百円、〈いか焼〉六百円。高いものは高く、安いものは安くの値段がかえって品質に自信を感じさせる。高級なふぐ刺、伊勢えび、自家茹で毛がにもきっと割安なのだろう。長いカウンターの向こうの厨房には白衣の板前が八人もいて、刺身、天ぷらなどそれぞれに持ち場がある。年配、若手と女性のお運びも白衣できぱき働き、大変気持ちがよい。

今日は午後四時にひとりでやってきた。生ビールに、まずは〈やりいか煮〉あたりでおもむろにスタート。いずれ〈白魚〉を山葵で、焼魚は〈タカベ〉にしよう。大阪泉州の〈水なす〉、宮崎の〈岩かき〉も欠かせない。お、東北復興支援の酒「日高《ひたか》見《み》」がある。よしこれで決まりだ。

開店は午後二時で、開けてすぐ毎日のように来る老夫婦がいるそうだ。三時を回る頃から近所のリタイア組の男がぽつりぽつりとやってきて、五時過ぎには仕事を終えたサラリーマンが来始め、六時過ぎると満席になる。

カウンターで独酌しながら広い店を見ているのはとてもよい気分だ。店は清潔で、若い人から中年まで女性客が多い。女性は財布の紐が堅いと言うがけっこう上等なのもとり、飲み食べ、話して幸せそうだ。中年男同士も負けていない。こちらの三人は今度渓流《けいりゅう》の沢登りに行くらしく装備の話に余念がない。おなじみさんらしく、店の女性が「今日は○○がいいわよ」とすすめてゆく。

目立つのは一見六十代男とアラフォー風美人のカップルだ。小じゃれたレストランなんか行かずに堂々と「第二力酒蔵」に入るのが本物の仲良しに見える。どういう関係かわからないが、同じ六十代、男ひとりのこちらはうらやましい。

老若男女《ろうにゃくなんにょ》、二十代から七十代くらいまでが、それぞれに好きなものを注文して、一杯やっている健全な居酒屋の根源的な安心感が最大の魅力だ。ここに幸あり。こういう居酒屋をいやがらない女性は間違いなく健全で、経済観念を持ち、家族や親を大切にしてくれるだろう。第一こちらも気が楽で、本音の話ができる。

「へえ、こういう店、いいわねえ」

「ま、オレにはこの程度がちょうどさ」

「いいわよ、ここなら毎日来られる」

「何にする、鮑ステーキでもどう？」

「ダメよ、あんな高いもの。そうね、私、あさりバター焼とセロリ煮浸し」

高いものを注文しない。オレの懐を心配してくれるんだ。これなら安心かな。

「ねえ、あのお孫さん可愛いわね。お爺ちゃんお婆ちゃんが幸せそう」

ようし、この人に嫁さんを申し込もう。結婚して、たまにはここで彼女の親と気楽に宴会しよう。

9

冷や酒立山とあじ昆布〆

――築地「魚竹」

男ひとり、仕事を終えて、何の気がねもなく酒を飲みたい時がある。同僚や友達との一杯もいいが、人づきあいを離れて一意、酒に専心したい。女性も同じ気持ちになる時はあるだろうが、居酒屋の女ひとり酒はなかなかハードルが高く、よくぞ男に生まれけりだ。もっとも女性はおしゃべりの方が好きらしいけど。

その間は何も考えない。考えるのは「次、何頼もうかな」だけだ。主人と話もしない。向こうも知っているから放っておいてくれる。

映画やドラマで、よく主人公がひとり酒をする場面が出てくる。行きつけらしく美人おかみや渋い板前がいて、話し相手になったり放っておいたりがなかなか絵になる。

多くはその前に何か出来事があり、それに対する主人公の心理を想像させる場面で、決心したことを実行する次の展開につながるクッションシーンだ。

あなたもそういう店を持たないか。大きな店は団体客もいてやかましい。小さなカウンターの店はその心配はなく、むしろひとり酒の客が多い。場所も派手な銀座や新宿、六本木などの盛り場ではなく、人の少ない目立たぬ所がいい。まして有名な店(ミシュランガイドに載るとか)、評判の店、誰かに会いそうな店は避ける。その店に行ったことを自慢するわけでなく、自分の時間を自分で満足させるだけなのだから。そう、平凡な駅前酒場でいい。

*

銀座から昭和通りを越えると町はひっそりする。住所は築地だが場外市場からは離れ、目立つ建物と言えば旧電通本社ビルくらい。それも汐留に移転した今は関連会社になったようだ。もともとは戦前からの黒塀料亭街だったが、時勢でそれも減った。

小さな暖簾の「魚竹《うおたけ》」は間口一間。奥に延びるカウンター十三席。それだけのさっぱりした店だ。内装は清潔だが建物は古く、カウンターの突き当たりにほんの小さな踊り場があって、とても狭い急階段が二階に上がる日本橋あたりに多かった小商《こあきな》いの建物の様式だ。もともとは新潟出身の先代が昭和二十六年に始めた鮮魚商で、料亭などに魚をおろしていたが、手伝う息子さんが脚を怪我《けが》して配達ができなくなり、魚でできる商売はと五十一年に居酒屋に転業した。先代は六十年に亡くなり、今は息子兄弟二人に母も手伝っている。

息子さんは若い頃から父と築地市場に通い、魚の目利きは年季が入っている。白紙短冊の品書きは刺身はもちろんだが、築地では刺身が新鮮というだけでは誰も驚かず、ましてここは築地市場の関係者も一杯やりに来るから、魚の鮮度も原価も知っており、そのうえでどう出すかが問われる。例えばガスバーナーでのちょい炙りは〈帆立貝あぶり・明石たこあぶり・まぐろあぶり・絶品ばちまぐろ中とろあぶり・紋甲《もんごう》いかあぶり・青柳あぶり・明太子あぶり〉と七種もある。

ぬたは〈まぐろ・やりいか・青柳〉の三種。〈名物のたこ荒塩焼〉に〈まぐろねぎま煮・新じゃが煮・がんもどき煮・新ごぼう煮・生のりわさび〉という魅力的なもの。そして〈自家製かぶ酢漬・ぬか漬盛り合わせ・おにぎり・明太子おじや・釜あげしらすかけご飯・生のり味噌汁〉と万全だ。およそ酒飲みの勘所《かんどころ》を押さえたものばかりだが、もちろんこれは七月のある一日で、季節により品がどんどん変わる。冬には小鍋や〈とろろ昆布雑炊〉という逸品がある。

注文のヒントは小黒板に書かれた〈先週のベスト5〉だ。今日は

(1) 刺身三点盛
(2) あじ昆布〆刺身
(3) 漬まぐろ
(4) 明石たこあぶり
(5) ポテトサラダ

ようし決まった。

「青柳あぶり、あじ昆布〆、あと谷中」

「はい」

お通しの、魚の煮汁で煮た大根はよく味がしみて大変おいしい。生臭みを消すには味噌で食べる〈谷中生姜〉が役に立ち、谷中生姜は東京の酒飲みになくてはならないものだな、などと考える。

ここがひとり酒の良いところで、考えてもせいぜいこんな程度。難しいことや心配事はハナから頭にない。〈青柳あぶり〉は角皿に四つがきれいに並び、オレンジ色の舌切り、ヒモ、水管もついた完全形。貝は炙ると香りが立っておいしくなるが硬くなるので加減が大事だ。

期待の〈あじ昆布〆刺身〉はそぎ切りの厚い身に、昆布は透明な白板昆布を使うのが粋だ。黒い板昆布は強すぎるのか、鯵の新鮮味も残したいのかな。青い香り芽葱がよく合い夏の冷や酒に最高だ。酒は群馬泉・山丹《やまたん》正宗・〆張鶴と中堅実力派で、冬は燗を楽しむが、今日は立山の冷やだ。

黙々と食べ、黙々と飲む。酒飲みは目の前に品書きがあれば他に何もいらないことがわかり、そのうち、酒飲みの次なる目標は「気に入った店の全メニュー制覇《せいは》」ではないかと思い至った。この店でそれをやってみるか（ほんとにたいしたことは考えていない）。

常連とおぼしき中年がひとり座った。

「たこあぶり、谷中、しらす」

「しらすは大根おろしかなんか入れますか？」

「いらない、しらすだけ」

うーん、彼もやるな。ここの釜あげしらすなら最上等だろう。

カウンターに立つ兄弟とはいいものだ。男だから会話は全くなく、客としゃべるわけでもなく、酒と魚を用意しただけという店は、東京下町の誠実な商いを思わせる。

正面額は築地鎮守《ちんじゅ》の白いお札、波除《なみよけ》稲荷神社太玉串《ふとたまぐし》、波除神社鎮火盗賊除、波除神社大祭祈祷神璽《きとうしんじ》が並び、盗賊除とはまるで平安時代だ（やはり浮世離れしたことしか考えていない）。

＊

さてまだゆくぞ。

かねて注文してみたかった〈漬まぐろきざみわさび和え〉は、さすがは築地の鮪で、厚切りというよりブロック切りの真っ赤な赤身に山葵の茎を散らしてぬらりと光り、これぞ江戸の鉄火肌・幡随院《ばんずいいん》長兵衛、鮪の血の匂いを堪能する。

谷中に次ぐサイドオーダー〈らっきょう〉はさっぱりした塩漬が重宝、〈生のりわさび〉も最高の箸休め。〈やりいか煮・新じゃが煮合わせ盛り〉はほっこりした母の煮物だ。

オレは働き始めて何年になったかなあ。まあまあ仕事も慣れたけれど、このあたりでもう一つ伸びないといかんかな。いやいやそれより結婚だ。カミさん持たないと一人前じゃない。オフクロもせっつくし。となるとカネがかかる。あれ、オレいくら貯金あったっけ。

カミさんかあ。オレなんか相手にしてくれる人いるかな。でもオレはきっと家庭を大事にするよ。ウチの社のあの子どうかな。同じ会社だから生活程度もわかってるし、明日声かけてみるか「たまには一杯いかない？　居酒屋だけど」。のってくれるかな。

この魚竹がいいや。〈先週のベスト5〉で興味をつって注文。彼女何頼むかな。

いけね、そろそろ帰らなくちゃ……。

市井の男ひとり、一日の仕事を終え、ひとりで一杯やって、家路に着く。昔から変わらない男の一日。

10

鷹勇冷や酒と小鰭新子
——千住大橋「田中屋」

あのオヤジの顔を見たいなあと入る居酒屋もある。顔が見えるのだからカウンターだ。もちろん顔見知り。「最近、どうすか?」くらいは言われて「まあまあかな」と答える。「今日はシャコいいっすよ」「おお、それくれ」。阿吽《あうん》の呼吸だ。

昔の居酒屋には名物オヤジがいた。客とのかけ合いも丁々発止《ちょうちょうはっし》、時に小言の一つも出て、「まったく、あの頑固オヤジ」とか言いながら、しばらくするとまた顔を見たくなる。しかし近頃はめっきり減り、もはや絶滅危惧《きぐ》種だ。客が敬遠するようになり、心配したおかみさんに「今の若い人にはあまりぽんぽん言っちゃダメよ」と注意され面白くないが、余計なことは言わないようになった。

これはツマランですな。客に説教するようなオヤジはもちろん敬遠だが、大人の世間話はいいものだ。

「あっしはどうもスマホってのがダメで」

「あはは、わかるよ」

「最近の若いお嬢さんはきれいですね」

「へえ、オヤジさんやるじゃない」

「へへへ」

こんな罪のない話ができる大人の客も少なくなった。子供の頃父に連れられた店で、父が主人相手に笑いながら何か話すのを「父ちゃんは世間で認められてるんだ」と頼もしく思ったものだが。

会社の上司も交際費がなくなり、部下を飲みに誘うのもままならない。新入社員はいつまでも学生時代の飲み方で世間を覚えず、居酒屋のオヤジと会話ができない。昔は上司が居酒屋主人と話すのを見て、知らず知らずにこうするんだと学んだ。

＊

東京スカイツリーの姿がよい京成線千住大橋駅を出るとすぐ「田中屋」だ。ここを知って二十年をとうに過ぎた。仕事場からは遠いが無性に行ってみたくなる時があり、長時間の電車に乗る。

「こんちは」

「お、いらっしゃい」

渋い塩辛声の迎えはいつもと変わらない。千住大橋に繁華街はなく、周りは住宅や空地で、本建築の一軒家は広々とした余裕が爽快だ。親方が「ウチはこれっきゃないす」と言う厚さ三寸・幅一尺二寸・長さ三間の見事な白木檜の一枚板カウンターが一本きれいに延びる。畳の小上がり、広い厨房まで清潔そのものの店内は仕事への誇りを感じさせて気持ちがよい。二階座敷に大勢の予約が入っているらしく、小さなさざえつぼ焼・海老塩焼・衣被《きぬかつぎ》などお通し三点盛りの支度に忙しそうだ。「お、いちばん乗り」と入ってきた二階客はくわえ煙草で、「歩きながら煙草吸うな」と親方に早速小言を言われ、私はニヤニヤする。

ここから日光街道をはさんだ向かいは、築地と並ぶ水産市場の東京都中央卸売・足立市場だ。何十年も毎朝通う親方は一目置かれる存在で、良い魚は残して親方だけには切って見せる。クエなどの高級魚も勝手に「田中屋」と紙に書いてぺたりと貼り付けてあり、迷っていると「買うでしょ」と包み始めるそうだ。仕事を終えた市場関係者も飲みに来るが、それこそ品の良否《りょうひ》も原価も割れているので、これをよくこの値段で出すなと言わせたいと「もう意地ですよ」と笑う。店内に飾る総計八十もの卸し名札の大額二つがこの店の信用。水を張った木桶に並ぶ研ぎ澄まされた四本の包丁が店の緊張感だ。

さてそのぴかぴかの魚から注文を選ぶのがひと苦労。苦心の末決めた刺身盛〈小鰭・青柳・平貝〉が届いた。

「お、新子《しんこ》だ」

「へへへ」

小鰭は走りの新子で体長三センチ。ほどよい酢〆と軽い風味はこの時季に江戸っ子が狂喜するもの。慎重に箸にとり、口の中の真夏の一陣の涼風を楽しむ。ほのかに橙《だいだい》色をした青柳の色っぽい甘味、さくっと歯触りよい平貝のエグ味を含んだ老獪《ろうかい》な甘味。これほどの平貝は他所《よそ》では全く見なく、「やっぱ今は愛知ですね。舶来《はくらい》はダメ」と親方が言う。

田中屋は戦前、祖父の仕出弁当屋に始まり、戦後父が魚料理に変え、そこを一代目とすると今の親方は二代目で、息子さんの三代目も厨房に立つ。戦後すぐは魚が入らず、それではと始めたとんかつが評判になり、今も看板に〈とんかつ　魚河岸《うおがし》料理〉とあるのはそのためだ。私はこれほどの魚があるのに、皆最後にとんかつを注文するのが不思議だったが、あるとき試みて大変納得した。

はじめて来た二十年以上前は息子さんはまだ格闘技好きの十代で、外に遊びに行きたくて仕方がないような若者だった。そのうち本腰を入れ始めると酒の揃いがぐんとよくなり、私にはいっそう嬉しいことになった。後ろのガラスケースには銘酒一升瓶がいろいろ並び、その一本、封切りの「鷹勇・吟醸なかだれ」はひんやりと旨味濃く、平貝によく合う。

＊

田中さんだから田中屋。親方は私とあまり歳は変わらないが、丸刈り銀髪に夏も冬も半袖白ダボシャツ一丁。私は居酒屋のオヤジと話すといっても深入りはせず、仕事の手の空いた時間の手持ちぶさたを埋める程度だ。昔親方が「このへんは下町ですが、近頃は妙に言葉に気ぃ遣わなくちゃいけないのがつまらんですね」と言っていたのに共感した。

四十歳近くなった三代目は、今やすっかり落ち着いた無口なたたずまいで厨房の主役になった。というよりも親方は自然に息子を中心にするようにその役を渡していったようだ。仕事のしやすそうな広くぴかぴかに清潔な厨房に三代目は包丁を握り、親方は皿を並べてツマを盛り込みとんかつを揚げる。目のきりりとした働き者の妹さんが料理を運び、お母さんはお燗番と注文伝票の整理だ。家族四人が余計な言葉は一つもなくきびきびと動く様子は、全員が今何をすべきかわかっている暗黙の分担で、あくまで息子さんを主役に立てた家族の覚悟がピリリとひきしめる。

この呼吸は一家で家業を営む潔癖な良心を感じさせる。銀座や新宿にこういう店はない。私はさっぱりとした気質で時に破顔一笑《はがんいっしょう》する親方の顔と仕事を見たくて来ていたが、それは家族が一丸となって黙って働く清々しさを見に来ているのだとわかった。今の世の中にこれほど貴《とうと》いものがあろうか。女房を連れて来るならこういう店だ、家族で働く姿を見せるのは大切なことだ。今はすでに亡い二親を連れて来たかったなあ。

ぼんやり独酌していると親方が声をかけた。

「太田さん、今日はとんかつは?」

「ウーン」

大きなヒレは近頃やや重い。

「半分食べて、あと奥さんにおみやげしますか」

ウーン、そうするか。

11

ひやおろし燗と葱鮪焼

――門前仲町「浅七」

世の中、自分の考えを通すのは難しいものだ。組織にいればもちろん、一匹狼で働くのならなおさらだ。まして居酒屋のような客商売となると客にそっぽを向かれては商売にならない。

しかし小さな居酒屋といえども一生の職業なのだから、できれば自分が納得できることで続けたい。利益が上がらなければ商売は成り立たないが、それだけが目的でもあるまい。流行よりも自分の考えを世に問い、やせ我慢しても続けるのは、正しいプロ意識、仕事の美学であると思う。大げさに言えば自己理論の実践、簡単に言えば自分流を通す。

門前仲町の永代《えいたい》通り。一階から三階までつねに満員の名物大衆酒場「魚三《うおさん》」の脇を入った小路に「浅七《あさしち》」がある。小さな暖簾の片方はちぎれたまま。玄関戸には〈当店は日本酒の居酒屋です。他所でお過ごしの方は入店をご遠慮下さい〉の貼り紙。入った左はカウンターで、目の前は一升瓶の棚、ガラス戸棚には逆さまに立てた徳利が並ぶ。板張りの小上がりに薄い座布団と低い卓いくつか。灯りは金網吊り行灯。それだけのさっぱりした店だ。

どこか武張った簡素なしつらえは、『鬼平犯科帳《おにへいはんかちょう》』の長谷川平蔵《はせがわへいぞう》が「ゆるせ」と入ってくれば似合いそうだが、時代物の飾りがあるわけではなく、むしろ〈お客同士の酒のやりとりはご遠慮下さい〉などの貼り紙がある。ここはある種の居酒屋の奥義《おうぎ》を極めた店だ。座って飲み始めれば次第にそれがわかり、この店で一杯やる良さは他の店をもって代え難いと実感してくる。

＊

「こんちは」

「いらっしゃい」

主人は着物でカウンターに立つ。尊大《そんだい》でも、特別に腰が低くもない、ごく普通の応対だ。

「銘柄は何にします？」

「寒いね、燗酒」

「あれ」

私が指さすのは「ひやおろし浦霞純米吟醸」の貼り紙。

「それと、そうだな、湯豆腐」

「はい、ひやおろしお燗と湯豆腐」

これですべての用が足りた。主人の仕事はお燗番、肴は奥さんと娘さんが台所で支度する。

ツイー……。

秋の彼岸《ひがん》を過ぎたら急に冷え込んだ。やっぱり燗酒だな。短冊の品書きに〈冷奴・

湯豆腐・揚げ出し・煎り焼き・豆腐汁〉と豆腐は五種ある。固形燃料の五徳《ごとく》で温められて届いた〈湯豆腐〉の三島小鍋の蓋をとると、底に大きな昆布を敷いた上に豆腐が四つ。醤油とわずかの刻み葱が添えられる。

ふうー……。

うまいのう。他に何も入らない豆腐だけの湯豆腐の美しさよ。それしかないから自然にそのうまさを純粋に味わえる。

「この豆腐は三代目なんですよ」

三十年使っていた豆腐屋の老夫婦が引退してしまい、次の豆腐屋を探すまで品書きから豆腐は消えた。三ヶ月あちこち探したが、いつまでも出さないわけにゆかないので、同じものはもうないと、あるところで手を打ち、ただし五十円値下げ、、した。その豆腐も作られなくなり今は三代目ということだ。

「昔の豆腐の作り方はなくなりました。豆腐の味も違ってきています」

豆腐をたれで煎り焼きした〈豆腐の煎り焼き〉はあるが、絶品の〈蒟蒻《こんにゃく》の煎り焼き〉は今品書きから消えている。冬の名物だった〈蛤《はまぐり》鍋〉もよい蛤が入荷しなくなりだいぶ前に消えた。そのものを味わう肴に、良質のそのものがなくなれば、品書きから消すしかないという潔癖さ。

主人は『豆腐百珍《とうふひゃくちん》』など江戸の料理を研究して肴にした。日本料理の基礎は、魚貝や野菜果物などを細かく刻んで酢を基本に和えた「なます（膾）」で、それに使う「煎り酒」（鰹節、梅干、酒などを煮詰めた、醤油が誕生する前の調味料）を作って使っている。今日の全品書きは〈葱鮪焼・葱鮪汁・まぐろづけ・梅わさび・穴子煮こごり・梅なます・北寄貝《ほっきがい》づけ・茗荷酢味噌あえ・茄子黒ごまあえ・鮭味噌漬け炙り・ほたて釜揚げ・焼きみそ・茶そば〉に、豆腐五種の全十八品。

酒はビール、焼酎はなく日本酒のみで〈つめたいの（冷温）・冷や（常温）・かん（燗）〉で注文する。銘柄はさぞかし稀覯《きこう》銘酒かと予想するが、浦霞・三千盛・〆張鶴・群馬泉・大七・梅乃宿・銀嶺立山と、名の知れた渋い品揃えなのが懐が深い。

主人が言うには、同じ酒でも肴によってうまさが変わる。また肴は「冷めてもおいしい」ことが要件。酒飲みは一つ皿をつつき合うことを嫌うから、三人が同じものを頼んでも合い盛りせずに銘々皿にする。飲酒はあくまでひとり一膳、自分のペースで酒を楽しむことを本義にするのは、居酒屋は宴会や満腹や高級酒を珍重する所ではなく、じっくり晩酌を楽しむ所という考えからだ。酒の種類が家でも飲める手に入りやすい銘柄なのもその理由だろう。

〈葱鮪焼〉は、照り焼きの鮪と筒切り葱がそれぞれ二つずつ皿に載るだけだ。ここの肴は品書きに書いてあるものだけが盛られ、そのほかは大葉一枚飾らない（潔癖な江戸っ子は余計なものはいらねェ）。而《しか》してその鮪と葱の味わいのすばらしさ。

緋色《ひいろ》が美しい定番の〈まぐろづけ〉は江戸前勇みの鉄火肌。ごま、七味など数種の薬味を練り込んだ味噌を豆鉢で焼いた〈焼きみそ〉はこれ一つでいくらでも飲める。〈北寄貝づけ〉は、水にさらして辛味を増して反り返った白髪葱を巻くと、これまた酒がすすんで困る。ここまでくれば、一意専念して酒を飲む奥義に達したと納得するに違いない。

ほどよく髪が後退した主人は着物がますます板につき、落語長屋の小言大家《こごとおおや》の風格が出てきた。寡黙でもなし、おしゃべりでもなし、軽い世間話に罪はない。自分の考え、美学をこれほど徹底している居酒屋は例を見ない。

そういう所は苦手だと言うなかれ。騒ぎたければ他所へゆけ。ある考えを受け入れ、相手の流儀に合わせるのも大人の男の度量だ。私はここでの一杯が晩酌の真髄《しんずい》だ。

ここほど男っぽい居酒屋はあまりないと思うが、今来た男女二人客は手慣れた様子で座敷に座り、まぐろづけと燗酒。なにごともないように話を続けている。互いの仕事を終えて晩酌する大人のカップルだった。

＊

その後主人はある年齢になり、さっぱりと店を畳んでしまった。特別な理由があったのではないらしく、近所の店にも顔を出しているそうで、この店らしい潔さと思った。しばらくして、客で通っていた若い人が近くで始めた居酒屋に行き、浅七のポリシーが新しいセンスで脈々と伝わっているのに感動。彼は「浅七で居酒屋を学んだ」と熱を込めて語った。

12

サッポロ赤星とポテトサラダ

——十条「大衆酒場 斎藤」

居酒屋へ、結局何をしに入るのだろう。

友達や恋人と親交を深めるために入る。気の張る一流レストランよりも、居酒屋の方が気が楽で話もはずみ、第一安い。

この頃は居酒屋ひとり酒の楽しみを知った。誰かの相手をしなくてもよい気楽さは、無心に酒に専念していられる。食堂やレストランではこうはいかない。やっぱり居酒屋カウンターの片隅だな。頭の中は空っぽ。人間こういう時間は必要だよ。

まことにその通りだ。居酒屋は大勢でもひとりでも気楽に入れ、予約もいらない、個室もない。

これは銭湯に似ている。大勢でもひとりでも気楽に入れ、予約もいらない。個室や会員制があったらそれは特殊なお風呂だ。人はそこで裸になり、体のアカを落としてさっぱりする。同様に、居酒屋では精神のアカを落としてさっぱりする。

銭湯では肉体的に裸になる、居酒屋では精神的に裸になる。男女が互いに風呂で裸になるのは簡単ではないが、居酒屋は男も女も一緒に裸になれるところがいい。したがって銭湯に服のまま入ればヘンであるように、居酒屋でいつまでも心を裸にしないのはヘンだ、となる。

理屈っぽくなったが酒場とはこういうものだ。イギリスのパブ、フランスのカフェ、ドイツのビアホール、イタリアのバール、スペインのバル、アメリカのスナックバーのように世界中に酒場はあり、中身は同じ。その最も基本は「誰でも入れること」だ。なじみ同士が挨拶や冗談を交わすのも銭湯と似ている。町の銭湯は減少の一途《いっと》で嘆《なげ》かわしく、体を洗うだけが風呂ではないと思うのだが。酒も飲むだけなら家でよいのに、わざわざ居酒屋に行くのは「そこに他人がいるから」だ。

居酒屋に自分ひとりしか客がいないと落ち着かない、開店もだいぶ過ぎた時間に居酒屋の入口を開け、客がひとりもいないと入るのをためらう。他人がいるから落ち着く。他人の中に入るために居酒屋の暖簾をくぐる。

＊

十条は、都心ではなく下町でもない、東京北部の商店街の続く生活の町だ。さしたる話題性もなく雑誌やテレビで取り上げられることもあまりない。

乗り換え線の全くない単一路線駅から歩いて一分の横丁に「斎藤」がある。開店四時半の十五分前に高年のひとりが暖簾の出るのを待っている。私はここに誘った女性が気がつくように手前の横丁角に立つが、そこにもジャンパーの男がひとりいて、店が開くと素早く入り、さらにどこにいたのか私を追い抜いてひとりが続き、のろまの私は待っていたのに四番目になった。

いつもの机の隅に座った。斎藤酒場は昭和三年の開店で、今の建物は昭和三十年頃のものだ。丸太を芯木にした浅い舟底天井、年季の入った腰板、酒場特有の大鏡、なんとなく粋な造作には終戦後の空気が濃密に残っている。四角の板机、自然木の板を適当につないだ不定形な机、簡単なカウンター。その時々に安い板材でつくったとおぼしき机たちは、長年の客の肘で磨かれた艶が、もはや高級テーブルにもない風格だ。

「いらっしゃいませ、先生」

私はここではセンセイ呼ばわれだが、昭和七年生まれ、戦前・戦中・戦後を生き抜いてきたお母さんにはどう呼ばれようと抵抗できない。御歳七十九なれど声も物腰もしゃんとして、いつもにこにこと誰にも分け隔てない接客は「東京一の居酒屋のおかみさん」と圧倒的な信頼だ。「私の自慢は嫁」で、二人の息子の嫁がどちらも「自発的に」店を手伝うと言い出して続いているのが自慢。そこに今日はもう一つ「立教で運動ばかりしていた孫が、店を継ぐと厨房に入って、四代目ができた」自慢が加わってさらに目を細める。

サッポロビール黒ラベルの「黒星」に対して、通称「赤星」のサッポロラガービールにポテトサラダがうまい。いちばんに入った高年はカウンター奥に座り、気がつくと隣に奥さんがいる。「先に行って席とっといて」なのだろう。どんどん入ってくる客は誰もが自分の席を持っているようで、ためらわず一直線に歩いて座る。やがて椅子はすべて埋まった。

満員なのに店内が静かなのは、誰もがここの空気の充実感に浸ってしゃべる必要がないからだ。やれやれと熱い風呂に浸かれば言葉は消えるのに似ている。店の女性たちはつねに目配りが利き、注文に大声をあげる必要は全くない。

リタイア中高年もいるが、黒スーツのきちんとした現役勤め人も大変多く、ひとりは生ビールと肴一皿をすますともう出ていく。若い男が一杯やりながら読んでいる文庫本が、つげ義春『貧困旅行記』（新潮文庫）なのが泣かせる。本や新聞を読む人は多く、つまりここは自分の家、自分の席なのだ。

そうして、ここにはあらゆる人がいることに気づく。銭湯にはあらゆる人がずかずか入ってきてためらわず裸になるのと同じだ。居酒屋では酒を前に置いてしばし過ごし、自分なりの自己回復ができれば満足して出ていく。銭湯は体の洗濯、居酒屋は精神の洗濯だ。

営業接待に使うような会員制とか、個室とか、グルメとか、の店ではないことが肝心だ。こうした市井の人々と自分は同じだと気づくところに居酒屋の意義がある。自分はまぎれもない大衆のひとりであると認識するのは大切なことだ。

＊

「どう、この店」

私は少し遅れて来た女性にしばらく飲んでから聞いた。彼女はここははじめてだ。

「いいわあ」

「どこがいい？」

「みんなが自然」

気取った人や聞こえよがしにしゃべる人がいない。満員でもよく見ていると、ひとり来るとひとり帰り、うまく回っている。大手の会社に勤めていそうな身なりのいいカップルも浮いていないのは、二人は何度も来てここの空気を知っているのだろう。

「それと、あのお母さん」

その通りだ。珍しく女性連れの私の席にすぐに来て「いらっしゃい、何でもおいしいわよ、ビール?」と声をかけ、彼女は「あ、はい」ともう会話を交わした格好になった。

「この店、どうしてこんなに人気だと思う?」

私の質問に少し考えて答えた。

「大勢の人といる温かさ、かしら」

私はこの酒場に連れて来てよかったと思った。彼女は居酒屋の良さに気づき始めたようだ。男と女、居酒屋の作法は違っても、求めるものは同じなのだろう。

おわりに

この本は、雑誌『野性時代』の連載「居酒屋へ、あなたと」を、二〇一二年『男と女の居酒屋作法』として角川書店より出版し、題名を改めて文庫にしたものです。

連載の注文は「女性向け居酒屋のすすめ」でした。そこで、一九五三年に作家・伊藤整が『婦人公論』に連載した「女性に関する十二章」を思い出しました。柔らかな口調で、男性は女性をこう見ていると書いた一冊は、戦後に求められた新時代の女性像が大いに共感され、ベストセラーとなりました。

それからおよそ六十年後、私に連載が依頼された頃は、世の中から戦後の匂いは消えて高度成長を遂げたバブル景気の余韻《よいん》がまだ残り、女性は活発に海外旅行などに出かけ、都会の高級レストランを次々にはしごし、バブル飲食の華のような存在でした。

それを横目に、そろそろ結婚を意識し始める二十代から三十代の独身女性に向けて、当時女性には見向きもされなかった「居酒屋」の、入り方や過ごし方、そこで得られるもの、などを十二章にまとめてみました。

一年の連載が終わると編集者から「これの男性版」を注文されました。いまさら男に居酒屋のすすめでもあるまいし、そういう店ガイドなどは山ほど書いていたのですが、待てよ、やはり結婚を考え始めた男性が女性に求めるものは何だろう、それを居酒屋を舞台に書いたらどうかと思いつきました。こちらの方が、範とする伊藤整のエッセイに近いのかもしれないと。

そうしてもう一年連載を続け、『男と女の居酒屋作法』の一冊となったのです。

*

期待したほどの反響もなく十年が過ぎた二〇二二年、大和書房の女性編集者から、これを文庫で再版したいというお話をいただきました。

結婚し、子育ても一段落されたその方は、今の年齢を迎えてようやくこの本に書かれているようなお酒の飲み方ができるようになった、居酒屋へも入れるようになった、そして書かれている「女性に求められるもの」がわかってきた。それを男性に話すと「自分もそうだ、独身のあの頃思っていたことが、とうに結婚を経た今、かえってよくわかる」と。

さらに、バブル景気が崩壊し、今の若い人は贅沢などできなくなり、入れるのも居酒屋くらいになった。そこにコロナ禍も起き、その居酒屋の一杯もできなくなってみると、ここに書かれている世界がたまらなく懐かしいとも。

なるほど。何かの渦中にある時は気づかないが、過ぎてから振り返ると、そういうことを考えていたんだ、こうしたかったんだと気づくことがあります。その意味で、初版後十年が過ぎた再版は、そんな読者の共感を得られるのではないかと。

これは私には大変嬉しい話でした。改めて読み返し、問いかけで書いた当時の私自身の価値観を、いささか面映《おもは》ゆく感じました。女性には丁寧に(もてたい心もあって)、男にはいささか厳しく書いていたなと。そしてこの十年間の男女平等への動きの大きさも確認しました。その意味では内容が古くなっているかもしれません。

古い本を新しい目で読んでいただけるのなら、こんな筆者冥利《みょうり》はありません。一方、年代に耐えたものかと問われる覚悟ももちました。

今こそ居酒屋で、自分を振り返る時をもちましょう。それはきっとあなたの若い頃を豊かに見直させてくれると思います、そう願います。

初版、再版の編集者、そして読者の皆様に御礼申し上げます。

二〇二二年五月吉日

太田和彦

本作品はＫＡＤＯＫＡＷＡより２０１２年４月に刊行された『男と女の居酒屋作法』を改題し、再編集して文庫化したものです。

太田和彦（おおた・かずひこ）
1946年、北京で生まれ長野県松本市で育つ。デザイナー、作家。東京教育大学（現筑波大学）教育学部芸術学科卒業。資生堂宣伝制作室のアートディレクターを経て独立し、「アマゾンデザイン」を設立。デザイン関連の受賞多数。2000〜06年度、東北芸術工科大学教授。本業のかたわら日本各地の居酒屋を訪ね、テレビ番組のナビゲーターとしても活躍している。
1990年に初となる著書『居酒屋大全』（講談社）を刊行。以後、多数著作を上梓。主な著書に『居酒屋百名山』『ニッポン居酒屋放浪記』（ともに新潮社）、『70歳、これからは湯豆腐』（亜紀書房）、『家飲み大全』（だいわ文庫）などがある。

だいわ文庫

一杯《いっぱい》飲《の》んで帰《かえ》ります
女《おんな》と男《おとこ》の居酒屋《いざかや》十二章《じゅうにしょう》

著者　太田《おおた》和彦《かずひこ》

二〇二二年六月一五日第一刷発行

発行者　佐藤 靖
発行所　大和《だいわ》書房
東京都文京区関口一-三三-四 〒一一二-〇〇一四
電話 〇三-三二〇三-四五一一

フォーマットデザイン　鈴木成一デザイン室
本文デザイン　横須賀 拓
本文写真　エレファント・タカ
本文印刷　厚徳社
カバー印刷　山一印刷
製本　小泉製本

ISBN978-4-479-32016-6
乱丁本・落丁本はお取り替えいたします。
http://www.daiwashobo.co.jp